| TALK |

Portuguese

CRISTINA MENDES-LLEWELLYN

Series Editor: Alwena Lamping

BBC Active, an imprint of Educational Publishers LLP, part of the Pearson Education Group,
Edinburgh Gate, Harlow, Essex CM20 2JE, England

BBC logo © BBC 1996. BBC and BBC ACTIVE are trademarks of the British Broadcasting
Corporation

First published 1998
Third edition 2015
5 4 3 2 1

DUDLEY LIBRARIES		
000000747399		
Askews & Holts	09-Feb-2015
	£7.99	
ST		

The right of Cristina Mendes-Llewellyn to be identified as author of this Work has been
asserted by her in accordance with the Copyright, Designs and Patents Act, 1988.

978-1-406-68012-6

Additional content: Sue Tyson-Ward
Edited by Sarah Boas
Additional editing: Eric Smith and Melanie Kramers
Publisher: Debbie Marshall
Project Manager: Alexis Chung
Project Editors: Tamsen Harward and Emma Brown
Illustrations: © Mark Duffin
Layout: DTP Media Ltd. www.dtp-media.co.uk
Cover design: Two Associates
Insides design: Nicolle Thomas and Rob Lian
Cover photograph: © iStock.com/vaeenma
Audio producer: John Green, tefl tapes
Sound Engineer: Tim Woolf
Presenters: Stefa Boje, João Ferreira, Ana-Cristina Pisarro, Victoria Willing
Studio: Robert Nichols Audio Productions and Q Sound
Music: Peter Hutchings

Printed and bound in China (CTPSC/01)

The Publisher's policy is to use paper manufactured from sustainable forests.

Contents

Introduction   4
Pronunciation guide   6

1 Bom dia!   7
    saying hello and goodbye
    introducing yourself
    getting to know people

2 Donde é?   15
    talking about your nationality
    saying where you're from
    saying what you do for a living
    giving your phone number
    using the numbers 0 to 10

3 Este é o Paulo   23
    introducing someone
    talking about your family
    saying how old you are
    talking about another person
    using the numbers 11 to 100

4 Um café, por favor   31
    ordering a drink in a bar
    offering, accepting or refusing
    paying for your drinks
    using the numbers 100 to 30,000

Ponto de controlo 1   39
    progress check I

5 Desculpe, onde é a estação?   43
    asking where something is
    asking for help with the answer
    talking about where you live
    and work

6 Há um banco aqui perto?   51
    finding out what there is in town

… and when it's open
    making simple enquiries
    understanding directions

7 Quanto custa?   59
    asking and understanding
    the price
    describing and commenting
    buying food in a shop or market

Ponto de controlo 2   67
    progress check 2

8 Queria um quarto   71
    checking in at a hotel
    finding a hotel room
    booking ahead by phone
    making requests

9 A que horas parte?   79
    asking if there is a bus or coach
    checking train times
    buying tickets
    checking travel details

10 Bom apetite!   87
    reading the menu
    asking about items on the menu
    ordering a meal
    saying what you like and
    don't like
    paying compliments

Ponto de controlo 3   97
    progress check 3

Reference section
Transcripts and answers   101
Grammar   119
Portuguese–English glossary   134
English–Portuguese glossary   140

Introduction

Welcome to the new edition of **Talk Portuguese**, the bestselling course from BBC Active which has inspired and helped so many people to learn Portuguese from scratch and given them the confidence to have a go.

The key to **Talk Portuguese**'s effectiveness is the successful **Talk** method, developed by experienced teachers of languages to adult beginners. Its structured and systematic approach encourages you to make genuine progress and promotes a real sense of achievement. The choice of situations and vocabulary is based on the everyday needs of people travelling to Portugal.

Talk Portuguese includes a book and 120 minutes of recordings of Portuguese native speakers. The book in this new edition has several additional features, inspired by feedback from users and teachers. There's an extended grammar section (pages 119–133), a two-way glossary (pages 134–144), covering around 1,000 words, and the ever-popular **Talk** *Wordpower* (pages 130–132), designed to increase your vocabulary fast.

There are also **Talk Portuguese** video clips and activities on the BBC Languages website at www.bbc.co.uk/languages/portuguese/talk/. These cover the contents of this book at the same level but in an alternative way, providing additional exposure and reinforcing the language against the background of Portuguese culture. Free tutors' support and activities are available online at www.bbcactivelanguages.com.

How to make the most of Talk Portuguese

1   Read the first page of the unit to focus on what you're aiming to learn and set it in context while gaining some relevant vocabulary.

2   Listen to the key phrases – don't be tempted to read them first. Then listen to them again, this time reading them in your book too. Finally, try reading them out loud before listening one more time.

Wherever you see this: **1•5**, the phrases or dialogues are recorded on the CD (i.e. CD1, track 5).

3   Work your way through the activities which follow the key phrases. These highlight key language elements and are carefully designed to develop your listening skills and your understanding of Portuguese. You can check your answers at any time in the *Transcripts and answers* starting on page 101.

4   Read the *Em português* explanations of how Portuguese works as you come to them – this information is placed just where you need it. And if you'd like to know more, visit the relevant pages in the *Grammar* section, indicated by the following symbol: **G13** .

5   After completing the activities, and before you try the *Put it all together* section, listen to the conversations straight through. The more times you listen, the more familiar Portuguese will become and the more comfortable you'll become with it. You might also like to read the dialogues at this stage – preferably out loud.

6   Complete the consolidation activities on the *Put it all together* page and check your answers with the *Transcripts and answers*.

7   Use the Portuguese you have learnt – the native speaker presenters on the audio will prompt you and guide you through the *Now you're talking!* page as you practise speaking Portuguese.

8   Check your progress. First, test your knowledge with the *Quiz*. Then assess whether you can do everything on the checklist – if in doubt, go back and spend some more time on the relevant section.

9   Read the learning hint at the end of the unit, which provides ideas and suggestions on how to use your study time effectively or how to extend your knowledge.

10 Finally, relax and listen to the whole unit, understanding what the people are saying in Portuguese and taking part in the conversations.

Pronunciation guide

The best way to acquire a good Portuguese accent is to listen to the CDs often and to imitate the speakers closely.

1   **Vowels** which carry the stress of a word are clear and consistent, but when unstressed they often almost disappear.

	a	e	i	o	u
	falo	ela	bica	come	custa
as in …	*hat*	*sell*	*meet*	*olive*	*root*

Before **n**, **nh** or **m**, and in some vowel combinations, they are nasal – said through the nose and mouth together:

    n**ã**o   b**em**   v**inh**o   b**om**   m**un**do

2   Most **consonants** are similar in Portuguese and English, but the following need attention:

			as in …
c	+ **e** or **i**; **ç** before **a**, **o**, **u**	centro, você	*lace*
	+ all other letters	copo	*cat*
ch		chamo	*shop*
g	+ **e** or **i**; and **j**	gelado, hoje	*usual*
	+ **u** and all other letters	gosto	*got*
h	always silent	hoje	
nh		vinho	*onion*
r	in middle/between vowels	tarde	*very*
	beginning/doubled – trilled	rua, carro	*rock*
	at end – soft	morar	*maker*
s	at beginning/after consonant	sim	*sun*
	between vowels	casa	*maze*
	end/middle before consonant	inglês	*shoe*
z	at beginning/middle	prazer	*zebra*
	at end	faz	*ash*

3   As a general rule, words are stressed on the last but one syllable (**obrigado**) or the final one (**café**). Accented vowels always carry the stress.

Bom dia!

saying hello and goodbye

introducing yourself

getting to know people

Em Portugal ... *In Portugal ...*

how you greet someone will depend on how well you know them and your relationship to them. Shop assistants, bank clerks and waiters will be formal in their greetings, even though you may have known them for years.

When meeting someone for the first time, you usually shake hands. Close friends and relatives will give each other a kiss on each cheek. Men may also give each other a friendly pat on the back.

Saying hello …

1 **1•02** Listen to these key phrases.

Bom dia.	Hello./Good morning.
Boa tarde.	Hello./Good afternoon/evening. (used in early evening)
Boa noite.	Hello./Good evening./Goodnight.
Como está?	How are you?
Bem …	Well/Fine …
obrigado/obrigada.	thank you. (m/f)
E você?	And you?

You say **obrigado** if you are a man and **obrigada** if you are a woman.

2 **1•03** Listen as Paula de Oliveira, a waitress at the Café Central, greets two of her customers. What greetings does she use?

> Bom dia, Senhora Paula

...., **Senhora Bárbara.**

...., **Senhor António.**

Em português … *In Portuguese …*

you address a man as **Senhor** and a woman as **Senhora**. You usually add the person's name if you know it:

Senhor António   **Senhora Bárbara**

A woman can also be addressed as **Dona**:

Dona Paula or **Senhora Dona Paula**

When followed by a surname, **Senhor** means *Mr* and **Senhora** *Mrs* or *Miss*.

---

3 **1•04** In the evening another regular customer arrives. How does she ask Paula how she is?

What does Paula reply? Fill in the gaps.

Vanda	**Boa noite, Dona Paula.** ....?
Paula	**Bem** ...., **e** ....?

... and goodbye

4 **1•05** Listen to these key phrases.

Adeus. Goodbye.
Tchau. Bye.
Até logo. See you later.

Bom dia, **boa tarde** and **boa noite** are also used to say goodbye, or to wish someone a nice day, afternoon or goodnight.

5 **1•06** Senhora Bárbara, Senhor António and Vanda say goodbye as they leave. What does each one say?

Adeus, boa tarde

Senhora Bárbara ....

Senhor António ....

Vanda ....

6 At which of these times of day would you say the following? Match the times with the greetings.

08.00	**Boa noite, Senhor Luís.**
14.00	**Adeus, bom dia.**
23.00	**Boa tarde, Senhora Fernanda.**

7 If you were staying at a hotel in Portugal, how would you greet the following people and ask them how they are?

- at 2.00 p.m. Senhor Pedro, the hotel porter.
- at 10.00 a.m. Ana, the porter's teenage daughter.
- at 9.00 p.m. Senhora Paula, the receptionist.

8 As you go out, how would you say goodbye to:

- Senhor Pedro at 5 p.m.? • Senhora Paula at 11 p.m.?

Introducing yourself

1   1•07 Listen to these key phrases.

(Eu) sou ...	I am ...
Você é ...?	Are you ...?
O senhor é/A senhora é ...?	Are you ...? (formal)

Em português ...

when saying who you are, you normally insert the word for *the* before your name:

o before a male name or **Senhor**:

Sou o Pedro.	**Sou o Senhor Reis.**

a before a female name or **Senhora**:

Sou a Carla.	**Sou a Senhora Costa.**

When asking someone's name formally you also use **o** and **a**:

O senhor é o ...?	**A senhora é a ...?**

2   1•08 At your hotel you overhear a client introducing himself to the receptionist. What is his name?

Paulo Morais   João Morais   João Reis

3   1•09 A client whom the receptionist doesn't recognise arrives at the hotel. How does she introduce herself?

Receptionist	**A senhora é?**
Ana	.... **a Ana da Costa Passos.**
Receptionist	**Ah, Dona Ana. Como está?**

4   1•10 Two teenagers meet in the foyer. Notice that they greet each other with the informal **Olá** *Hi* and **Tudo bem?** *Everything OK?*

How do they say their names?

Fernando	**Olá, ... Tu és?**
Sandra	.... **Tudo bem?**

... and getting to know people

5   1•11 Listen to these key phrases.

Como se chama?	What's your name?
Chamo-me ...	My name is ...
Muito prazer.	Pleased to meet you.
Desculpe?	Pardon?

6   1•12 At the café, Luís de Castro and Vanda Abreu have just met. Tick the key phrases you hear.

7   1•13 Vanda calls a friend of hers over to join them, but Luís doesn't quite catch her name. What does he say?

Carla	**Olá! Chamo-me Carla Correia.**
Luís	....?
Carla	**Chamo-me Carla, Carla Correia.**
Luís	**Muito prazer.**

Em português ...

there is more than one way of saying *you*. Use:

o senhor/a senhora	to someone you don't know well, an older person, your boss
você	to someone of similar age and background as you, e.g. a work colleague, fellow student
tu	to a friend, family member, young person

The choice affects other words:

o senhor	é ...	como se chama?	como está?
você	é ...	como se chama?	como está?
tu	és ...	como te chamas?	como estás?

G8

---

8   1•14 Carla's daughter is with her and Luís wants to know her name. He asks her **Como te chamas?** What does she say?

put it all together

1 How would you say the following in Portuguese?

   a How are you?
   b Pleased to meet you.
   c Have a nice day!
   d I am …
   e Goodnight.
   f Goodbye.
   g What's your name?

Now complete the crossword. The answers above provide the clues. Note that only part of each phrase is used in the crossword.

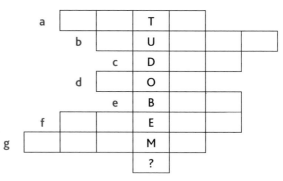

2 What are they saying?

now you're talking!

1 **1•15** Imagine you are Carla Correia and you have just arrived at the hotel reception.

- **Bom dia, a senhora é …?**
- ◆ Introduce yourself.
- **Desculpe?**
- ◆ Repeat your name.
- **Ah! sim, a Senhora Dona Carla Correia!**

2 **1•16** It's 9 p.m. and you are in the hotel bar. A businessman greets you and introduces himself.

- **Boa noite. Chamo-me Carlos Ribeiro.**
- ◆ Say you are pleased to meet him.

3 **1•17** The following day in a shop you meet Mr Ribeiro again. He greets you.

- **Boa tarde, Dona Carla, como está?**
- ◆ Say you are well and ask him how he is.
- **Eu também estou bem, obrigado.**
- ◆ Say you'll see him later.

4 **1•18** Imagine you have dropped into Paula's café. You're sitting at a table and a couple with their daughter join you. The parents introduce themselves.

- **Boa tarde. Chamo-me Paulo.**
- **Eu chamo-me Ana.**
- ◆ Introduce yourself and ask the girl her name.
- **Chamo-me Sandra.**
- ◆ Later, say goodbye to them all.

quiz

1 How would you ask a child his or her name?
2 What does **Muito prazer** mean?
3 When do you use **Boa noite**?
4 Is Pedro a man's name or a woman's name?
5 If someone says to you **Como está?** how do you answer?
6 Which is more informal: **tu** or **você**?
7 How would you say *See you later*?
8 Rearrange these letters to find a word meaning *goodbye*:
DUAES

Now check whether you can ...

- greet someone correctly during the day – morning, afternoon and evening
- say goodbye
- introduce yourself
- reply when someone is introduced to you
- ask someone's name
- ask someone how they are
- reply when someone asks you how you are
- ask for clarification if you didn't catch what was said

Listen to the audio as often as you can and try to imitate the voices as closely as possible. Listening to and repeating the phrases many times will help you get used to the sounds of Portuguese and remember them. Don't worry about making mistakes when you speak at this stage. Just keep practising!

Donde é?

talking about your nationality

saying where you're from

saying what you do for a living

giving your phone number

using the numbers 0 to 10

Em Portugal ...

you will find people are generally warm and friendly. Their relaxed manner and native courtesy make it easy for visitors to feel at home. If they like you, you may well be invited to their home for a typical Portuguese dinner, or be given a guided tour of the area. It is therefore worth learning to say a few things about yourself and showing interest in their culture. Be prepared to answer lots of questions about yourself and your country but do ask some questions too!

Talking about your nationality ...

1 **1•19** Listen to these key phrases.

É inglês?	Are you English?
Sim – sou inglês.	Yes – I'm English.
Não – não sou inglês.	No – I'm not English.
Sou irlandês.	I'm Irish.
Donde é?	Where are you from?
Sou de Londres.	I'm from London.
Sou de Lisboa.	I'm from Lisbon.

2 **1•20** Three students meet for the first time in a Portuguese language school. Listen as their teacher Maria asks them their nationality and tick them as you hear them.

	italiano	irlandês	inglês
estudante 1			
estudante 2			
estudante 3			

Em português ...

there are several different types of adjectives (words used to describe people and things, e.g. *French*, *married*, *big*, *green*).
To describe someone's nationality, you will find two main types of endings:

1	-o	(for a man)	italiano	americano
	-a	(for a woman)	italiana	americana
2	-ês	(for a man)	inglês	português
	-esa	(for a woman)	inglesa	portuguesa	**G4**

---

3 **1•21** Maria says her nationality, then asks two more students where they are from. Listen and fill in their nationalities.

Maria	....
Anna	....
Robert	....

... and saying where you're from

4   **1•22** Here are some countries and nationalities. Fill in the feminine forms of the nationalities, then listen and check your answers with the audio.

País		Nacionalidade	
Espanha	*Spain*	**espanhol**	*espanhola*
País de Gales	*Wales*	**galês**	
Inglaterra	*England*	**inglês**	
Alemanha	*Germany*	**alemão**	*alemã*
Escócia	*Scotland*	**escocês**	
França	*France*	**francês**	
América	*America*	**americano**	
Brasil	*Brazil*	**brasileiro**	
Irlanda	*Ireland*	**irlandês**	

Listen out for the sound change in the consonant **s** in **inglês**, **escocês**, **francês**, etc when **-a** is added for the feminine.

5   **1•23** Now listen as Maria talks to three more students, Véronique (French), Tom (English) and Katie (Scottish). How do they give their nationality and say where they come from? Fill in the gaps.

Maria	**Donde é, Véronique?**
Véronique	**Sou** ...., **de** ....
Maria	**E você, Tom?**
Tom	....,
	de ....
Maria	**E você, Katie, é** ....?
Katie	**Não,** ...., **sou** ....,
	de ....

6   How would you ask:

- Andrew if he is Scottish?   • Mary if she is Irish?
- Sean if he is American?   • Carla if she is Italian?

If their nationalities are correct, how would they all answer? And if Mary is American, not Irish?

Saying what you do for a living

1 **1•24** Listen to these key phrases.

O que faz?	What do you do?
Sou rececionista.	I'm a receptionist.
Não sou jornalista.	I'm not a journalist.
A senhora é secretária?	Are you a secretary?
Sim, sou.	Yes, I am.
Não, não sou.	No, I'm not.

2 **1•25** Listen to three people talking about what they do for a living. Who is an artist (**artista**), who is a dentist (**dentista**) and who is a student (**estudante**)?

Note that *a* or *an* is not used when saying what you do.

Ana Fortes   Pedro Correia   Manuel de Oliveira

3 **1•26** Some professions have a masculine form (ending in **-o** or **-or**) and a feminine form (ending in **-a** or **-ora**).

Maria asks three students where they come from and what their jobs are. Can you fill in the details?

Nome	Cidade	Profissão
Madalena		
Fernando		
João		

cantor/a *singer*	**pintor/a** *painter*
médico/a *doctor*	**professor/a** *teacher*
reformado/a *retired*	**desempregado/a** *unemployed*

Em português …

as well as meaning *you are*, **é** also means *he/she is, it is.*   G14

Giving your phone number

1 **1•27** Look at the following handwritten numbers and note how 1 and 7 are written. Now listen and repeat them.

0	1	2	3	4	5	6	7	8	9	10
zero	**um**	**dois**	**três**	**quatro**	**cinco**	**seis**	**sete**	**oito**	**nove**	**dez**

2 **1•28** Listen to these key phrases.

Tem telefone? Do you have a phone number?
Sim. É o 97 95 65. Yes. It's 97 95 65.

Notice that you say **o** *the* before the number.

3 **1•29** Listen to four people asking for each other's phone number and put them in the order in which you hear them. The first one has been done for you.

a 891 5467 .... **b** 31 32 92 ...*(1)*..
c 020 7582 2456 .... **d** 977 3632 ....

4 **1•30** Senhora Ferreira rings directory enquiries to find out two phone numbers (**números**). What are they?

travel agency ....

doctor's surgery ....

5 Now practise saying the following phone numbers:

a 723 44 55 **b** 894 98 33
c 020 7562 1432 **d** 00 44 20 8894 7161

6 Practise saying your work and home number and those of your friends and relatives.

put it all together

1   Can you find nine countries (**países**) in this wordsearch?

K	I	A	L	L	O	N	D	E	R	S	I
P	I	N	G	L	A	T	E	R	R	A	N
A	H	N	A	U	O	A	E	L	I	L	G
D	L	E	S	C	A	N	A	D	Á	E	L
N	A	S	L	I	B	I	Ç	A	O	M	A
A	Q	P	L	I	O	R	N	I	G	A	M
L	E	Á	D	I	S	E	A	S	D	N	A
R	T	N	R	U	X	Q	R	S	E	H	T
I	Y	H	A	S	A	J	F	O	I	A	E
L	N	A	E	S	C	Ó	C	I	A	L	R

2   Complete the following dialogue with words from the box:

Anne   Bom .... Como .... chama?

Martin   Chamo-me Martin. E ....?

Anne   .... Anne. ....
         francesa. Você ....
         americano?

Martin   Não, sou inglês. Sou ....
         Devon.

Anne   Eu sou de Paris. O que
         ....?

Martin   .... jornalista.

Anne   Eu sou professora.

> sou
> dia
> chamo-me
> sou
> se
> de
> é
> faz
> você

3   Match the answers to the questions:

a O senhor é italiano?	Sou artista.
b Donde é?	Sim, sou inglês.
c A Maria é africana?	Não, sou português.
d É inglês?	Sim, de Angola.
e Tem telefone?	Sou de Moçambique.
f O que faz?	Sim. É o 977 1221.

now you're talking!

1 1•31 Imagine that a Portuguese friend has arranged a meeting for you with his cousin Fernando.

◆ Say who you are and where you are from. Ask him where he is from.
● **Sou de Braga.**
◆ Ask him what he does for a living.
● **Sou pintor.**
◆ Ask him for his phone number.
● **Sim. É o 275 6777.**

2 1•32 Your name is Mr Perry. You have just booked a room at the Hotel do Mar. The receptionist asks you a few questions.

● **O Senhor Perry é inglês?**
◆ Say no. Tell her you're Welsh.
● **Donde é?**
◆ Tell her you're from Glamorgan.
● **O senhor tem telefone?**
◆ Say your telephone number is 00 44 339 5411.

3 1•33 You have been introduced to Ana Mancini, a student who is learning Portuguese.

◆ Ask her if she is Italian.
● **Sim, sou. Sou de Roma.**
◆ Ask her if she is an artist.
● **Não, não sou. Sou professora.**

4 1•34 Here are four words you have met in this unit. Try to pronounce them and then check your pronunciation with the recording.

● **João**   ● **profissão**   ● **alemão**   ● **não**

quiz

1 Rearrange these letters to find a number:
   TROQUA.

2 How would you say *I'm not English*?

3 Complete this sentence: **Eu .... de Lisboa**.

4 How would you ask a man if he is Brazilian?

5 Someone asks you if you are American and you happen to be Irish, so what would you reply?

6 If someone asks you the question **O que faz?**, what do they want to know?

7 How do you ask for someone's phone number in Portuguese?

8 Which numbers are missing in the following sequence?
   um .... três quatro .... seis

9 How do you say *I'm a student*?

Now check whether you can ...

- say what nationality you are
- ask where someone comes from and say where you're from
- say what your job or profession is and ask others for this information
- understand and use the numbers 0 to 10
- ask someone for their phone number and give your phone number

When you come across new words, it is a good idea to write them down in a notebook. Remember that it is easier to remember words when they are in a context, so try to learn a few phrases connected with those words too.

Este é o Paulo

introducing someone

talking about your family

saying how old you are

talking about another person

using the numbers 11 to 100

Em Portugal ...

the family is perhaps the most important thing in society. A generation ago many couples would have had large families. Nowadays, however, changes in lifestyle and financial pressures have made smaller families more popular. The Portuguese love children; in cafés and restaurants they are always made welcome, even late in the evening. If you have children of your own, you'll find that even people you don't know will suddenly start chatting to your child or will offer them a sweet.

Introducing someone

1   **1•35** Listen to these key phrases.

Este é o ...	This is ... (to introduce a man)
Esta é a ...	This is ... (to introduce a woman)

2   **1•36** Listen as Paulo introduces two people to Ana Pereira at a business conference, then complete the conversations.

Paulo	**Bom dia, Senhora Pereira.**
	.... é o Senhor Luís Correia.
Luís	**Muito prazer.**
Paulo	**E .... é a Senhora Carla Fortuna.**
Carla	**Muito prazer.**

Em Portugal ...

professional titles such as **Advogado** *lawyer*, **Engenheiro** *engineer*, **Doutor** (a graduate in any profession as well as a medical doctor) are often used. **O Senhor Doutor Engenheiro** and **O Senhor Doutor Advogado** are also commonly used when introducing people.

3   **1•37** Now listen to Paulo introducing some more people and make a note of their professions.

Nome	Doutor/a	Engenheiro/a	Advogado/a
Francisca Martins			
Roberto Leal			
Mário de Andrade			
Luisa Teixeira			

4   How would you introduce the following to someone else?

- António Leal
- Dona Sofia Pereira
- Senhor Carlos Fortuna
- Engenheiro Fernando Correia

Talking about your family

1   **1•38** Listen to these key phrases.

É casado?/É casada?	Are you married?
Sou casado/a or **solteiro/a.**	I'm married/single.
Tem filhos?	Do you have any children?
Sim. Tenho um filho	Yes. I have a son
... e uma filha.	... and a daughter.
Não, não tenho filhos.	No, I don't have any children.

One or *a* is **um** before a male, **uma** before a female.

2   **1•39 Doutor Ferreira** asks **Doutora Sousa** about her family. How does she say she has a son and a daughter? Tick the key phrases you hear.

Does **Doutor Ferreira** have any children?

Em português ...

there are different words for *my*:

o meu before a male	a minha before a female
esposo *husband*	**esposa** *wife*
pai *father*	**mãe** *mother*
irmão *brother*	**irmã** *sister*

---

3   **1•40 Doutora Sousa** introduces some of her family. How does she say who Marta, Pedro and José are?

Esta é .... irmã Marta, este é .... irmão Pedro e este é .... pai José.

4   **1•41** In the student canteen, Fernando asks Carla if she has any **irmãos** *brothers or sisters*. He asks the question with the familiar form **tens**. What is Carla's reply?

> **(eu) tenho** *I have*
> **(tu) tens** *you have* (informal)
> **(você) tem** *you have* (formal)

Saying how old you are

1 1•42 Listen to some of the following numbers between 11 and 100.

11 **onze**	21 **vinte e um**	40 **quarenta**
12 **doze**	22 **vinte e dois**	50 **cinquenta**
13 **treze**	23 **vinte e três**	60 **sessenta**
14 **catorze**	24 **vinte e quatro**	70 **setenta**
15 **quinze**	25 **vinte e cinco**	80 **oitenta**
16 **dezasseis**	26 **vinte e seis**	90 **noventa**
17 **dezassete**	27 **vinte e sete**	100 **cem**
18 **dezoito**	28 **vinte e oito**	
19 **dezanove**	29 **vinte e nove**	
20 **vinte**	30 **trinta**	

31 to 99 follow the same pattern as 21 to 29

2 1•43 You will hear all but one of the following numbers. Which one is missing?

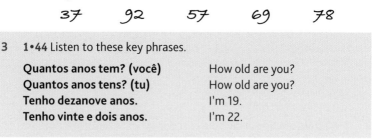

37   92   57   69   78

3 1•44 Listen to these key phrases.

Quantos anos tem? (você)	How old are you?
Quantos anos tens? (tu)	How old are you?
Tenho dezanove anos.	I'm 19.
Tenho vinte e dois anos.	I'm 22.

4 1•45 Sofia meets Cristina and Miguel at a disco and asks them how old they are. Tick the key phrases you hear. How old are they?

5 1•46 **Doutora Sousa** wants to find out the age of one of her students. How does she ask Fernando how old he is? How does he give his age?

Doutora Sousa   **Quantos anos ....?**
Fernando   ....

Talking about another person

1   **1•47 Doutora Sousa** finds out more about Fernando and his family. Listen, then say if each of these statements is **verdadeiro** *true* or **falso** *false*:

		v	f
a	Fernando's son is called Miguel.		
b	His daughter is called Teresa.		
c	His son is five.		
d	His daughter is six.		

2   **1•48** Listen to Maria, Alexandra and Daniel introducing their families and decide which family belongs to whom.

a   ....   b   c   ....

1   Paula de Oliveira is introducing her family. Can you fill in the
    family tree?

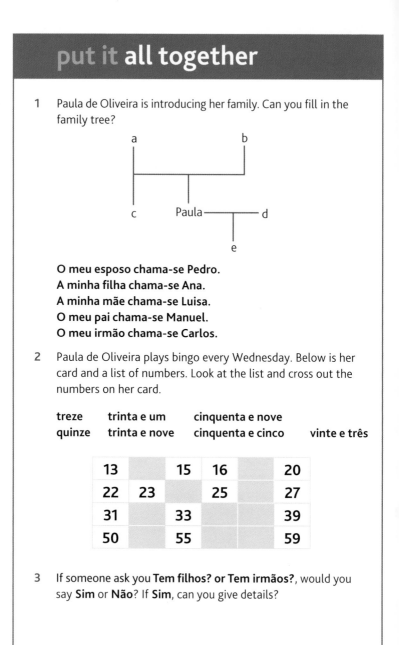

O meu **esposo** chama-se Pedro.
A minha **filha** chama-se Ana.
A minha **mãe** chama-se Luisa.
O meu **pai** chama-se Manuel.
O meu **irmão** chama-se Carlos.

2   Paula de Oliveira plays bingo every Wednesday. Below is her
    card and a list of numbers. Look at the list and cross out the
    numbers on her card.

treze	trinta e um	cinquenta e nove	
quinze	trinta e nove	cinquenta e cinco	vinte e três

13		15	16		20
22	23		25		27
31		33			39
50		55			59

3   If someone ask you **Tem filhos?** or **Tem irmãos?**, would you
    say **Sim** or **Não**? If **Sim**, can you give details?

1   **1•49** Imagine that you are Luís Correia at Paula's café and she asks you about your family.

- **É casado?**
- ◆ Say yes, you are married.
- **Tem filhos?**
- ◆ Tell her you have a son, and his name is David.
- **Quantos anos tem?**
- ◆ Say he is 26.
- **É casado?**
- ◆ Say yes, he is married.
- **Tem filhos?**
- ◆ Tell her he has no children. Now ask if she is married.
- **Sim, sou casada.**
- ◆ Ask if she has any children.
- **Eu tenho uma filha. Ela chama-se Ana.**
- ◆ Ask her how old she is.
- **Tem quinze anos.**

2   **1•50** Ana, who works with you, asks you questions about another work colleague. Can you answer her using the information given in the box?

Como se chama ele? ....
Quantos anos tem? ....
É casado? ....

> Pedro
> 29
> solteiro

3   **1•51** Ana and Isabel meet for the first time. You play the part of Isabel (45). Listen to the audio and be guided by it. You need to be able to say:

- ◆ your name
- ◆ your age
- ◆ that you are married
- ◆ that you have a daughter, Rita

quiz

1 How would you ask a child their age?

2 You want to introduce your mother. Would you use **este é** or **esta é**?

3 If someone is a doctor, how would you introduce him?

4 If someone says to you **Quantos anos tem?**, how would you answer?

5 What does **ela** mean?

6 If someone asked you **Tem filhos?**, what would you answer?

7 Which is the odd one out?

filho   **pai**   **advogado**   **irmão**

8 Can you give the missing numbers in Portuguese?

5, **10**, ... , **20**, ... , **30**, **35**, ...

Now check whether you can ...

- introduce someone – male or female
- ask someone how old they are and give your own age
- say how old someone else is
- say whether you are married and ask someone else if they are married
- ask someone if they have children, or brothers and sisters, and say what family you have
- use the numbers 11 to 100

At this early stage, you will want to make the most of what you know to answer questions and give information. You can often pick up the words of the questions to form your answer. **É casado/a?** can help you to answer **Sim, sou casado/a**. And **Não, não sou casado/a** will cover separated, divorced and widowed as well as single. You will be surprised how much you can convey with a few words.

Um café, por favor

ordering a drink in a bar

offering, accepting or refusing

paying for your drinks

using the numbers 100 to 30,000

Em Portugal ...

wherever you go you're never far from a **café**. Open from early in the
morning until late at night, **cafés** serve all sorts of drinks and food. In
some places you have to pay first at the **caixa** *cash desk* and then take
your **talão** *receipt* to the **balcão** *counter* where you place your order. The
favourite drink is coffee. At any time of the day or night, but especially
after a meal, the Portuguese will head for a **café** for their coffee, normally
a **bica** *small black coffee*.

Ordering a drink

1   **1•52** Listen to these key phrases.

Faz favor!/Por favor!	Please/Excuse me! (to call the waiter)
Faz favor?	Please/Can I help you?
Um café, por favor.	A coffee, please.
Uma cerveja, faz favor.	A beer, please.
De nada.	You're welcome.

2   **1•53** Nuno is at Paula's café. What kind of coffee does he order? Use the menu below to help you.

uma bica	**um sumo de laranja**
small black coffee	*orange juice*
um carioca	**um batido**
weaker black coffee	*milkshake*
um garoto	**uma limonada**
small white coffee	*lemonade*
uma meia de leite	**um chá de limão**
large white coffee	*lemon tea*
um galão	**uma água**
white coffee in a glass	*water*

3   **1•54** Natália and Alberto arrive and order a beer and a lemonade. Can you say who orders what?

Em português ...

all nouns (not just those referring to people) are either masculine or feminine and this affects the words for *a* and *an*.

um before a masculine noun: **um galão, um café, um sumo**
uma before a feminine noun: **uma cerveja, uma limonada**

Most nouns ending in **-o** are masculine, and most nouns ending in **-a** are feminine. When you come across a new word, try to remember whether it is masculine or feminine.

G1, G3

... in a bar

4   **1•55** Paulo and João both order milkshakes. What flavours do they order? **De** here literally means *of*.

	morango *strawberry*	**baunilha** *vanilla*	**chocolate** *chocolate*
Paulo	....	....	....
João	....	....	....

5   **1•56** At the hotel, Senhora Martins and Mr Bryan order some drinks from the bar. Mr Bryan can't remember the word for *wine* and he asks **Como se diz em português ...?** *How do you say in Portuguese ...?* What is the word for *wine*?

um copo de vinho

Barman	**Faz favor?**
Senhora Martins	**Um Martini.**
Mr Bryan	**Uhm ... Como se diz em português 'wine'?**
Senhora Martins	**Vinho?**
Mr Bryan	**Ah sim, vinho.** **Vinho do Porto, faz favor.**

6   **1•57** The barman brings the drinks and Mr Bryan thanks him. What does the barman say?

7   **1•58** The next day Senhora Martins and Mr Bryan want to try some house wine (**vinho da casa**). The barman asks them if they want white (**branco**) or red (**tinto**).

What does each of them want?

Senhora Martins .... *Mr Bryan* ....

8   How would you order the following?

   ● a small black coffee, a coffee in a glass and a glass of red wine

Offering, accepting or refusing

1 **1•59** Listen to these key phrases.

Que deseja?	What would you like?
Deseja um café?	Would you like a coffee?
Para si?	For you?
Sim, por favor.	Yes, please.
Não, obrigado.	No, thank you.
Tchim! Tchim!	Cheers!

2 **1•60** Paulo asks Senhor Correia and Senhora Pereira what drinks they'd like. Does Senhor Correia want a coffee?

Em português ...

to make a noun plural, the general rule is:
add -s for a word ending in **-a/-o/-e**:

um café	**dois cafés**
uma cerveja	**três cervejas**
um batido	**quatro batidos**

add **-es** for a word ending in **-r**:

um bar	**dois bares**

Words ending in **-ão** change in one of three ways – to **-ãos**, **-ões** or **-ães** – and have to be learnt individually. Here is an example:

um galão	**dois galões**	G2

---

3 **1•61** Ana orders drinks for her friends. Listen and fill in the gaps. Note how the word *two* changes for feminine words.

Waiter	**Faz favor?**
Ana	**Dois** .... **e duas** ....

Tchim! Tchim!

Paying for your drinks

1 **1•62** Listen to some numbers from 100 onwards.

100	**cem**	1000	**mil**	10 000	**dez mil**
200	**duzentos**	2000	**dois mil**	20 000	**vinte mil**
300	**trezentos**	3000	**três mil**	30 000	**trinta mil**
400	**quatrocentos**	4000	**quatro mil**		
500	**quinhentos**	5000	**cinco mil**		
600	**seiscentos**	6000	**seis mil**		
700	**setecentos**	7000	**sete mil**		
800	**oitocentos**	8000	**oito mil**		
900	**novecentos**	9000	**nove mil**		
101	**cento e um**	1100	**mil e cem**		
102	**cento e dois**	1101	**mil cento e um**		
110	**cento e dez**	1135	**mil cento e trinta e cinco**		
	etc.				

Em Portugal ...

the currency is now the **euro €**. 1 **euro** = 100 **cêntimos**. Prices are usually written with a comma between **euros** and **cêntimos**:

€2   **dois euros**
€10,25   **dez euros e vinte e cinco**

---

2 **1•63** At the café, Paula is telling some of her customers how much their bills are. Listen and put a tick against the amounts that you hear.

€6,75   €10   €5,50   €1,50

3 **1•64** To ask how much something is, you say **Quanto é?** Listen to Ana and João asking how much their bills are and write down the figures.

Ana **Quanto é?**   *João* **Quanto é?**
Paula ....   *Paula* ....

put it **all together**

1   Choose **um** or **uma**. You may need to check the meaning of some of the words in the glossary.

.... **copo de vinho**   .... **gelado**
.... **leite de chocolate**   .... **chá com leite**
.... **limonada**   .... **batido de banana**

Now can you order two of each of them?

dois whiskeys com gelo

duas meias de leite

2   Rearrange the sentences below and build a dialogue between the barman and two customers.

● **Um conhaque** *brandy*.
◆ **E para si?**
● **€2,25.**
◆ **Faz favor! Que deseja?**
● **Uma cerveja.**
◆ **Quanto é?**

3   In the café several people have asked for drinks. How much do they come to? Write down the answers.

BEBIDAS	
Bica	€0,50
Galão	€0,80
Garoto	€0,60
Sumos	€0,80
Águas	€0,65

a   A small black coffee?
b   A small white coffee and a coffee in a glass?
c   A mineral water and a black coffee?
d   Two orange juices and a small white coffee?

now you're talking!

1 **1•65** Imagine you're at a café. You are going to order drinks for two Portuguese friends and for yourself. The waiter greets you.

- **Faz favor?**
- ◆ Ask Maria what she'd like to drink.
- **Um galão, por favor.**
- ◆ Now ask her friend Bernardo what he'd like.
- **Uma bica, por favor.**
- ◆ At the **caixa** greet the cashier and order a coffee in a glass and two black coffees.
- ◆ Ask him how much it is.
- **€2,60**

2 **1•66** A friend offers you a coffee.

- **Deseja um café?**
- ◆ You accept and ask for a large white coffee with milk.

3 **1•67** Someone asks you what you'd like to drink.

- **Que deseja?**
- ◆ You ask what *black coffee* is in Portuguese.

4 **1•68** Make sure you know the words and phrases for the following situation, then close your book and be guided by the recording.

You have been joined by two friends who'd like some wine. You need to be able to:

- ◆ ask your friends what they want to drink
- ◆ ask the waiter for two glasses of wine, one white and one red, and a beer for yourself
- ◆ say *Thank you* when the waiter comes back
- ◆ say *Cheers!*

quiz

1 What are the two ways of saying *please* in Portuguese?
2 The waiter says **Faz favor?** What is he asking you to do?
3 How would you ask someone how to say *vanilla* in Portuguese?
4 Would you use **um** or **uma** with the following?
   .... **sumo**   .... **cerveja**   .... **bica**   .... **copo de vinho**
5 Someone has bought you a drink. Say *Cheers!*
6 Order two of each of the following:
   um galão, uma água, uma bica
7 How would you ask your colleague if he/she wants a coffee?
8 Say the following amounts in Portuguese:
   €5,80   €4,55   €1,67   €11,90.
9 What is the difference between **um garoto, uma meia de leite** and **um galão**?

Now check whether you can …

- order a drink in a bar
- offer someone a drink
- accept when someone offers you a drink or refuse politely
- ask what something is in Portuguese
- say *Cheers!*

Now try and increase your vocabulary by looking up in the dictionary any drinks that you and your friends or family like. Wherever you go, look out for new words and write them down in your notebook. Try also to remember whether they are masculine or feminine. Before you order any drinks, make a mental list in Portuguese of what you want.

1   **1•69** Listen as Paula de Oliveira chats to one of her customers, Arlete Cardoso, and then tick the right information.

a	**É**	**portuguesa**	**italiana**
b	**É de**	**Braga**	**Faro**
c	**É**	**pintora**	**professora**
d	**É**	**solteira**	**casada**
e	**Tem**	**uma filha**	**um filho**
f	**O filho/A filha tem**	**treze anos**	**quinze anos**

2   **1•70** Two students of Portuguese are getting to know each other. Listen to their conversation and fill in the grid:

Nome	Nacionalidade	Profissão
Rita		
Carlos		

3   **1•71** They decide to have a drink together at the **Bar Central** after their class. Listen and note what they each order.

	Bebida *drink*
Rita	
Carlos	

4   **1•72** Rita and Carlos hear Paula telling three other clients what their bills are. Listen to Paula saying the prices and write down the amounts.

Um copo de vinho tinto   ....

Um copo de leite   ....

Um sumo de laranja natural   ....

5 **1•73** Can you say the plural of these words?

Bebidas *drinks*	Profissões *professions*
bica	professor
limonada	estudante
galão	escritor
sumo de ananás	jornalista

Now check your pronunciation with the audio.

6 **1•74** In Activity 5 all the occupations were in the masculine form. If the people doing these same jobs were women, what would they say?

Check your answers with the audio.

7 You're in the hotel bar with some other students of Portuguese and you've been asked to order the drinks. To find out what the others want, you'll need to rearrange the words. The clues will help you.

a   a type of coffee   TOORGA MU
b   an alcoholic drink   QUENHOCA MU
c   a type of water   GÁUA MAU
d   a drink made with milk   ODTIBA MU

Now call the waiter and place the order. Don't forget to order something for yourself!

8 Renata is Marta's new penfriend from Hamburg. How would she introduce herself and her family? Choose the correct option to complete each sentence.

a   **Chamo-me/Chama-se Renata. Sou alemã, de Hamburgo.**
b   **Tem/Tenho 15 anos.**
c   **Tem/Tenho 2 irmãos, o Hanz de 17 anos e o Franz de 20 anos.**
d   **O meu/A minha pai é advogado.**
e   **O meu/A minha mãe é professora de inglês.**

9   Three people introduce themselves at a language school. Fill in the
    gaps using the words in the box on the right:

Pierre   **Bom dia. Eu sou** .... **Pierre Larousse.**
Ilda   **Ilda Rosas. Muito prazer.**
          .... **é a Teresa.**
Teresa   ....
Pierre   **Eu** .... **de Lião em França.**
          E você, ... **é?**
Ilda   **Eu sou de Madrid. A Teresa**
          .... **de Valência.**

> o
> é
> esta
> donde
> Muito prazer
> sou

10 Which is the odd one out?

a   bebidas:
    batido   **galão**   **cerveja**   **baunilha**

b   nacionalidades:
    francês   **galês**   **italiana**   **solteiro**

c   família:
    alemão   **filho**   **irmã**   **mãe**

d   números:
    vinte   **anos**   **novecentos**   **mil**

11 Match up one word from column A with another from column B to
    make a Portuguese phrase.

	A	B
a	É	si?
b	Tudo	inglês.
c	Para	casado?
d	Sou	faz?
e	O que	bem?

12 Paula Ferreira's sister wants to apply for a job in England. She asks for your help in filling in a form with her personal details. What questions would you ask her to find out her name, where she is from, her age, her occupation and her phone number?

a ....

b ....

c ....

d ....

e ....

13 Paulo introduces himself and his family. Read the text then say if each of the statements underneath is **verdadeiro** or **falso**.

Eu sou o Paulo. Este é o meu filho, o Pedro, e esta é a minha esposa, a Maria. A minha esposa é americana, e eu sou brasileiro. O Pedro é estudante de Direito em Coimbra. Ele é solteiro e tem 19 anos. A minha esposa é professora de inglês. Ela trabalha no centro de Lisboa. Eu sou escritor e jornalista.

também *also*
estudante de Direito *law student*

		verdadeiro	falso
a	Pedro is Paulo's father.	☐	☐
b	Pedro is not married.	☐	☐
c	They are all Brazilian.	☐	☐
d	Maria is Paulo's daughter.	☐	☐
e	Maria is a teacher.	☐	☐
f	Paulo is a writer.	☐	☐

Desculpe, onde é a estação?

asking where something is

asking for help with the answer

talking about where you live and work

Em Portugal ...

old towns with their narrow streets and romantic little squares are the focus of attraction for many visitors.

History is all around you and is particularly evident in the names of **ruas** *streets* and **praças** *squares*, which often commemorate famous people: **a Rua Garrett** *Garrett Street* (after a writer), **a Avenida Infante Dom Henrique** (after Henry the Navigator) or historical events: **a Praça dos Restauradores** *Restauradores Square* (after the rising of 1 December 1640, which put an end to 60 years of Spanish rule).

Asking where something is

1 1•75 Listen to these key phrases.

Onde é ...?	Where is ...?/Where is it?
Onde é a estação?	Where is the station?
É longe?	Is it far?
Cinco minutos a pé.	A five-minute walk.

2 1•76 Steve has just arrived in the city and his friend Maria is pointing out certain landmarks on the map for him. Look at the map and check the meanings of the words.

Now listen and match the places with the phrases below.

a **é aqui** *here*   b **é na rua Augusta** *Augusta street*
c **é ali** *there*   d **é no centro da cidade** *city centre*
e **é perto** *nearby*

Em português ...

the words for *the* in the singular are:
o before a masculine noun
o banco *bank*   o hospital *hospital*
o museu *museum*   o jardim *garden*
a before a feminine noun
a loja *shop*   a estação *station*
a rua *street*   a praça *square*

G3

... and asking for help with the answer

3 1•77 Listen to these key phrases.

Onde são ...?	Where are ...?
Onde são as lojas?	Where are the shops?
Pode repetir, por favor?	Can you repeat that, please?
Pode falar devagar?	Can you speak slowly?
A quinhentos metros daqui.	500 metres away.
Entre ...e ...	Between ... and ...

4 1•78 Steve wants to know where the shops are. How does he ask? Does he understand the reply? How far is it to the shops? Fill in the gaps.

Steve	**Desculpe, ... as lojas?**
Passer-by	**As lojas? A .... metros daqui.**
Steve	**.............................?**
Passer-by	**........................... Dez minutos a pé.**

5 1•79 Next he looks for the bank and again asks for directions. Does he understand what he is told? Can you fill in the details for him?

Passer-by	**É ali, entre .... e ....**

6 1•80 Later, he wants to visit **o castelo** *the castle* and asks a passer-by where it is. How far away is it? How long will it take to get there?

7 How would you ask where the following are?

- the bank
- Augusta Street
- the ruins

Em português ...

in the plural, the words for *the* are:

os	os bancos	os museus
as	as lojas	as ruínas

G3

Talking about where you live

1   **1•81** Listen to these key phrases.

Onde mora?	Where do you live?
(Eu) moro em Faro.	I live in Faro.
... na rua do Alecrim.	... in Alecrim Street.
... no centro.	... in the centre.
... no campo.	... in the country.

2   **1•82** Listen to Carlos as he asks Maria and some of her friends where they live. Fill in the gaps.

Carlos	**Onde mora, Maria?**
Maria	**Moro em Faro, no .... de Faro,**
	.... do Alecrim.
Carlos	**E você, Isabel?**
Isabel	**Eu moro na Praia da Luz.**
Paulo	**Eu moro no ...., a 30 quilómetros de Lagos.**

Em português ...

to say where you live, you can sometimes just use **em** + place:

Moro em Lisboa.   **Moro em Londres.**

If you need to be more specific, you use **em** + **o** or **a**:

em + o = no	**Moro no centro**
em + a = na	**Moro na rua Garrett**

When a place owes its name to a physical feature, you put **o** or **a** before it:

o Porto	Oporto (porto = *harbour*)
a Ilha da Madeira	Madeira (ilha = *island*)
a Praia da Figueira	(praia = *beach*)

This affects how you say you live in it:

Moro no Porto.   **Moro na Praia da Figueira.**   **G3**

---

3   How would you say you live in the following places?

- Dublin
- the city centre
- King Street

... and work

4   **1•83** Listen to these key phrases.

Onde trabalha?	Where do you work?
Trabalho ...	I work ...
... **num escritório.**	... in an office.
... **num colégio.**	... in a college.
... **numa loja.**	... in a shop.

In a or *in an* is **num** before a masculine noun and **numa** before a feminine noun.

5   **1•84** Carlos now asks his three friends where they work. Listen and tick their workplaces.

	num escritório	**numa loja**	**num banco**
Maria			
Paulo			
Isabel			

Where does Carlos say he works?
How does Maria say she works in a bank?

Em português ...

to show who is doing something, you change the ending of the verb. You occasionally need the words for *I*, *you*, *he* etc. for clarity or emphasis:

		mor**ar** *to live*	trabalh**ar** *to work*
(eu)	*I*	mor**o**	trabalh**o**
(tu)	*you*	mor**as**	trabalh**as** (informal)
você	*you*	mor**a**	trabalh**a**
ele/ela	*he/she*	mor**a**	trabalh**a**

To say something negative, you simply put **não** before the verb.

G7–10

put it all together

1   Do you know which words to use for *the*?

   a   .... centro   .... rua   .... praça

   b   .... escritório   .... loja   .... colégio

   c   .... castelo   .... estação   .... museu

   d   .... porto   .... praia   .... ilha

2   Choose a verb from the box and fill in the blanks.

   a   **Pode** .... **devagar?**

   b   **Pode** ....?

   c   **Onde** .... **o centro?**

   d   **Onde** .... **o Fernando?**

   e   **Onde** .... **os restaurantes?**

   f   **Não** ....

   g   .... **numa loja?**

   | |
   | é |
   | mora |
   | são |
   | repetir |
   | falar |
   | trabalhas |
   | trabalho |

3   What question would you ask if:

   a   you want to know where the beach is?

   b   you haven't understood what somebody has said?

   c   you want to know where someone lives?

   d   and where someone works?

   Onde mora?

   Onde é a praia?

   Pode repetir, por favor?

   Onde trabalha?

4   Can you insert the correct words for *in* to say where Ana lives and works?

   a   .... Cascais   b   .... centro de Lisboa

   c   .... rua Augusta   d   .... escritório

now you're talking!

1 **1•85** You're at Paula's café planning your day. Paula comes over to speak to you.

- **Olá, bom dia.**
- ◆ Greet her and ask her where the cathedral is.
- **A catedral é na rua de São Miguel.**
- ◆ Ask her where São Miguel Street is.
- **É aqui.** (She points it out on the map.)
- ◆ Ask her if it is far.
- **Não. É a 200 metros daqui.**
- ◆ Thank her and say goodbye.

2 **1•86** Another customer comes in, sits down at your table and starts talking to you. He suggests somewhere for you to visit.

- **O Museu da Marinha.**
- ◆ You didn't quite catch what he said. Ask him to repeat it.
- **O Museu da Marinha. É entre o mosteiro e o jardim botânico. Não é longe ... a cinco minutos a pé.**
- ◆ Thank him and repeat where he says the museum is.

3 **1•87** He asks you some questions. You might like to prepare your answers and then be guided by the audio. You'll need to be able to say:

- your name, your nationality, and the town you live in
- if you have a job, what you do and where you work

4 **1•88** You'd like to know more about him.

- ◆ Ask where he lives.
- **Moro no campo.**
- ◆ Ask him if it's far.
- **Não é longe ... a vinte quilómetros daqui.**

quiz

1 How would you say *I live in Brighton and I work in London*?
2 You're lost. How would you ask where the city centre is?
3 Someone says **Não trabalho.** What do they mean?
4 Would you use **em**, **no** or **na** with **Porto** to say *I live in Oporto*?
5 How would you ask someone where they live?
6 How would you ask someone to repeat something?
7 Make a sentence with these words:
   ele / Liberdade / Avenida / trabalha / da / na

Now check whether you can ...

- ask where something is
- ask if it is far
- ask someone to repeat something
- ask someone where they live and work
- say where you live and work

Language follows patterns, and understanding these patterns helps you use new words correctly and build up new sentences related to what you want to say. Many verbs ending in **-ar**, such as **falar** *to speak*, follow the same pattern as **morar** and **trabalhar** (see page 47). So, if you want to say *I speak Portuguese*, you say **Falo português** and, if you want to say *I don't speak German*, you say **Não falo alemão**. Words for languages are the same as the masculine nationalities on page 17.

Now can you say which languages you speak?

Há um banco aqui perto?

finding out what there is in town

... and when it's open

making simple enquiries

understanding directions

Em Portugal ...

an early visit to the local tourist information office (**o Centro de Turismo**) will be worthwhile if you want to know what to see in a town or city. You'll be given **uma planta da cidade** *a map of the city*, **folhetos** *leaflets* and information about local places of interest, and perhaps also a list of forthcoming events in the region.

As well as the main cities such as Faro, Lisbon, Oporto, Braga and Viana do Castelo, there are many pleasant small towns and villages with spectacular views and interesting things to see. If you have time, go for a tour of the green and mountainous north and then contrast it with the flatter and more arid south.

Finding out what there is in town

1 **2•01** Listen to these key phrases.

Aqui é ...	Here's ...
Há ...	Is there ...
... uma piscina?	... a swimming pool?
Há ...	There is/There are ...
Não há ...	There isn't/There aren't ...
na parte nova	in the new part
na parte velha	in the old part

2 Can you match these Portuguese words with their English equivalents? Look up any you can't guess in the glossary.

a	**um supermercado**	language school
b	**uma biblioteca**	baker's
c	**um museu**	museum
d	**uma padaria**	chemist's
e	**um correio**	swimming pool
f	**uma piscina**	library
g	**uma escola de línguas**	supermarket
h	**uma farmácia**	post office

3 **2•02** To find out what there is in town, Carlos goes to the **Centro de Turismo** where he talks to the assistant, Madalena Fernandes. He asks her about several places in the list above. Can you tick them as you hear them? Now answer the following questions:

		Sim	Não
a	**Há uma escola de línguas?**		
b	**Há um museu?**		
c	**Há um supermercado?**		
d	**Há uma piscina?**		

4 How would you ask the following questions:

- Is there a chemist's?
- Is there a post office?

... and when it's open

5   2•03 5   2•03 Listen to these key phrases.

Está aberto/aberta ...	It's open ...
Está fechado/fechada ...	It's closed ...
... todos os dias.	... every day.
... aos domingos.	... on Sundays.
... às quintas-feiras.	... on Thursdays.

segunda-feira *Mon*		**sexta-feira** *Fri*	
terça-feira *Tue*		**sábado** *Sat*	
quarta-feira *Wed*		**domingo** *Sun*	
quinta-feira *Thurs*			

6   2•06 Madalena is telling Carlos what days the swimming pool and the museum are open or closed and when there is **um mercado** *a market*. Listen and fill in the gaps.

- A piscina está aberta ....
- O museu está fechado aos .... e aos ....
- Há um mercado às ....

> **Em português ...**
>
> when describing places or objects (just as with people), adjectives have to be masculine or feminine to agree with what they describe.
> **A loja está abert<u>a</u>.**   **O banco está abert<u>o</u>.**   **G4**

7   How would you ask if the following places are open every day?

- the bank   • the supermarket   • the baker's

Now ask if the supermarket is closed on Sundays.

Making simple enquiries

1   2•05 Listen to these key phrases.

Há um banco aqui perto?	Is there a bank near here?
Peço desculpa.	I'm sorry.
Não sei.	I don't know.
Ao fundo.	At the end.

sempre em frente

à esquerda   **à direita**

2   2•06 After visiting the **Museu de Arte Antiga**, Carlos wants to find **a casa de banho** *toilet* and he asks a museum official. Where does she say it is? Tick the right expressions as you hear them.

ali ao fundo   **à esquerda**

sempre em frente   **à direita**

3   2•07 Outside in the street he looks for a telephone and stops somebody to ask if there's one nearby. How does he ask? Does the person know the answer?

4   2•08 He stops another person to ask the same question and this time he is in luck. What is he told?

Listen out for **depois** *then* and fill in the blanks:

........................., **depois à** ....

5   2•09 He also asks this person whether there is a bank in the area. Listen out for **na primeira rua à direita** *the first street on the right*.

Can you write down in English the instructions he is given?

... and understanding directions

6   **2•10** Listen to these key phrases.

A paragem do autocarro ...	The bus stop ...
é antes/depois ...	is before/after ...
... do banco/da estação.	... the bank/the station.
É em frente ...	It's opposite ...
... do hotel/da farmácia.	... the hotel/the chemist's.

7   **2•11** Carlos and Isabel decide to visit the castle and they ask a passer-by for directions. Where is it? How long would it take to walk there? Where's the bus stop?

8   **2•12** From the castle, they look down towards the town and see some of the places they still want to visit. Listen and tick whether each of the following is **verdadeiro** or **falso**:

		v	f
a	**O teatro é em frente do museu.**		
b	**O mosteiro é ali à esquerda.**		
c	**A piscina é em frente da praia.**		

Em português ...

when talking about the position of things
a often means *at* or *on*:

a + o becomes ao	<u>ao</u> fundo
a + a becomes à	<u>à</u> esquerda, <u>à</u> direita

de often means *of* or *to*:

de + o becomes do	em frente <u>do</u> hotel	
de + a becomes da	em frente <u>da</u> praia	G6

1 Read the following notices then answer the questions.

MOSTEIRO DOS JERÓNIMOS	**MUSEU DE ARTE POPULAR**
Aberto todos os dias excepto aos domingos 10.00–18.00 Entrada: €2	Fechado às segundas-feiras 10.00–12.30 e 14.00–17.00 Entrada: €2,50
JARDIM ZOOLÓGICO	**CASTELO DE SÃO JORGE**
Fechado às quartas-feiras Entrada: Adultos €10 Crianças: €6	Aberto todos os dias das 9.00 às 22.00 horas Entrada gratuita

a Is the monastery open every day?
b When is the zoo closed?
c When is the museum closed?
d Is entrance to the castle free?

2 Can you say where these buildings are in relation to you, if you are standing at the entrance to the square?

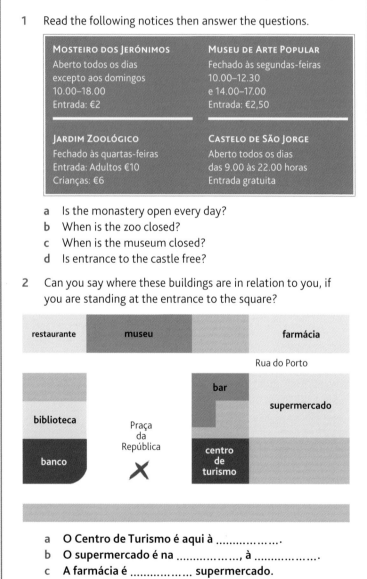

a O Centro de Turismo é aqui à ....
b O supermercado é na ...., à ....
c A farmácia é .... supermercado.
d O restaurante é ...., à ....

now you're talking!

1 **2•13** Imagine that you have just landed at Lisbon airport on a Monday morning and you need to change some money. You go to the information desk …

- ● **Bom dia.**
- ◆ Say hello and ask if there is a bank nearby.
- ● **Sim, há um em frente do café.**
- ◆ Also ask if there is a chemist's nearby.
- ● **Sim, a farmácia é aqui em frente.**
- ◆ And ask where the toilet is.
- ● **É aqui ao fundo à direita.**

2 **2•14** You are now at the hotel.

- ◆ Ask the receptionist if there is a tourist office in the old part of the city.
- ● **Sim, há um na segunda rua à esquerda.**
- ◆ Repeat the instructions and thank her.

3 **2•15** At the tourist office an assistant greets you and gives you a map.

- ● **Faz favor, uma planta da cidade.**
- ◆ Thank her and ask where the museum is.
- ● **Na primeira rua à esquerda.**
- ◆ Repeat the instructions. Then ask her if it's open today.
- ● **Sim, está aberto todos os dias.**
- ◆ Now ask where the castle is.
- ● **Aqui é o castelo e aqui é a paragem do autocarro número 43.**
- ◆ Ask if it is before the museum.
- ● **Não, a paragem é depois do museu.**
- ◆ Ask if the castle is open on Mondays.
- ● **Não o castelo está fechado às segundas-feiras.**

quiz

1 How would you ask if there is a café nearby?
2 If a shop is open, would it say **aberto** or **fechado**?
3 Which way would you go if someone says to you:
   Sempre em frente, depois na primeira à esquerda?
4 What day of the week is **terça-feira**?
5 How would you say *I'm sorry. I don't know*?
6 Which is the odd one out?
   biblioteca, **castelo**, **rua**, **piscina**, **teatro**
7 If you are told that there is a market **às sextas-feiras**, does it mean on Thursdays or Fridays?
8 How would you say *I don't work on Sundays*?

Now check whether you can ...

- ask and say what there is in a town
- ask if a place is open or closed
- recognise the days of the week
- say you're sorry
- say you don't know
- understand some straightforward directions
- understand where one place is in relation to another

You could practise the names of places and their relative positions by imagining that you are telling a Portuguese person about your home town. You could tell him what there is (e.g. museum, swimming pool), point them out on a map and say when they're open.

In Units 5 and 6 we have met several little words such as **ao**, **à**, **na**, **do**, **numa**, **aos**, which are quite difficult to get right. Don't worry about making mistakes at this stage – they will all come right with practice!

Quanto custa?

asking and understanding the price

describing and commenting

buying food in a shop or market

Em Portugal ...

there is a great variety of places to shop: markets where you can buy fresh food, clothes, pottery, flowers, etc; small shops selling modest and traditional items, and modern shops and boutiques selling designer clothes. Usually shops are open from 9.30 a.m. until 7.30 p.m. Many close for lunch between 1.00 and 3.00 p.m.

In a **tabacaria** *tobacconist's shop*, and often in a **quiosque** *street kiosk* as well, you'll find newspapers, magazines, postcards, cigarettes and sweets. In a **quiosque** you can also buy **bilhetes de autocarro/elétrico** *bus/tram tickets*. To buy stamps you go to a post office or find a stamp vending machine.

Asking and understanding the price

1   **2•16** Listen to these key phrases.

Diga	Can I help you?
Tem ...?	Have you got ...?
Quanto custa?	How much is it?
Quanto custa tudo?	How much is everything?
Quanto custam?	How much are they?
50 cêntimos cada.	50 cents each.

2   **2•17** Listen as Manuela buys **uma revista** a *magazine*, **um jornal** a *newspaper* and some **postais** *postcards* in a **tabacaria**. First fill in the blanks with **custa** or **custam**, then listen again and fill in the prices.

◆ **Bom dia. Diga.**
● **Quanto .... a revista?**   €.................
● **E quanto .... o jornal?**   €.................
● **Os postais quanto ....?**   €.................

How much is the total cost?   €.................

Em português ...

nouns ending in **-al** change to **-ais** in the plural:
um postal   dois postais
um jornal   dois jornais   **G2**

---

3   **2•18** In the post office she buys **selos** *stamps* **para a União Europeia** *for the EU* and **um cartão telefónico** *phone card*. How does she ask what the stamps cost? And the phone card?
What is the cost of the stamps and phone card together?

4   Now can you ask how much the following cost?

● **quatro selos**   ● **uma revista**   ● **dois postais**

Describing and commenting

1 2•19 Listen to these key phrases.

É demasiado ...	It's too ...
... caro/a.	... expensive.
... pequeno/a.	... small.
... grande.	... big.
Levo ...	I'll take ...

2 2•20 Carlos and Isabel decide to have a look at the market. Listen to their conversation and put a tick against the items you hear.

um saco de desporto *sports bag*
um livro *book*
uma T-shirt *T-shirt*
sapatos *shoes*

3 2•20 Listen to the recording again. What does she say about the **saco de desporto**? How does she say she'll take the T-shirt?

Em português ...

adjectives ending in **-o** change to **-a** when used with feminine nouns:

m	caro	O livro é caro.
f	cara	A T-shirt é cara.

Adjectives ending in **-e** do not change in the feminine:
O livro é grande.   **A T-shirt é grande.**
Most adjectives add **-s** when used with plural nouns:
Os livros são caros.   **As T-shirts são grandes.**

Note that **demasiado** does not change its ending.   G4

---

4 How would you say the following?

- The magazine is expensive.
- The T-shirt is too small.
- The book is too expensive.
- It's too big!

Buying food in a shop ...

meio litro

um litro

um quilo

fiambre 300gr

trezentos gramas

queijo ¹/2 kg

meio quilo

1   **2•21** Isabel needs to buy food. First read her list and look up any words you don't know. Now listen and tick each item as she says it. Which one does she forget to write down?

um
**pão de
forma**

*uma garrafa de
vinho tinto
uma garrafa de
água mineral
dois pães de forma
um quilo de açúcar
meio quilo de queijo
300 gramas de
fiambre*

2   **2•22** Listen to these key phrases.

Dê-me ...	Could you give me ...
Queria ...	I'd like ...
Mais alguma coisa?	Anything else?
É só.	That's all.

3   **2•23** Isabel remembers two more items she wants to buy. Listen and fill in how much of each she asks for (**uma lata** is a can).

- **Dê-me .... de café, por favor.**
- **Também queria .... de tomates.**

... or market

bananas   pêssegos   cogumelos   cebolas

maçãs   morangos   batatas   tomates

4   2•24 In the market Isabel goes to the **banca de fruta e vegetais** *fruit and vegetable stall*. Which fruit does she ask for?

peaches ▢   strawberries ▢   apples ▢   bananas ▢

5   2•25 Next she asks for some **verdura** *vegetables*. Listen and fill in the quantities she buys of each.

.... **batatas**   .... **cebolas**   .... **tomates**

6   2•26 She sees the **banca do peixe** *fish stall* and decides to go over for a closer look. What sort of fish does she ask about? What does she decide to buy and why?

> o bacalhau   *cod*
> o peixe espada
> *swordfish*
> a sardinha   *sardine*

Isabel	**Quanto custa o** ....**?**
Empregada	**€10 o quilo.**
Isabel	**Ah, é demasiado caro!**
	....**, faz favor.**

7   **a** Can you ask how much the following cost?

- the newspaper
- the bottle of wine
- the strawberries

b Can you ask for the following in a shop?

- ½ kg of ham
- 250 g of cheese
- a tin of tomatoes

put it all together

1 Can you match the English with the Portuguese phrases?

a	**Tem?**	How much is it?
b	**É só.**	Could you give me …
c	**É demasiado caro.**	How much are they?
d	**Dê-me …**	Do you have?
e	**Quanto custa?**	It's too expensive.
f	**Mais alguma coisa?**	That's all.
g	**Quanto custam?**	Anything else?

2 Where would you buy the following products? Put each one in the correct column.

maçãs	selos	queijo	morangos
postais	sardinhas	bacalhau	pêssegos
jornal	fiambre	açúcar	peixe espada

banca da fruta	banca do peixe	tabacaria	supermercado
....	....	....	....
....	....	....	....
....	....	....	....

3 Maria is going to the market. Can you help her write her shopping list in Portuguese? She needs the following:

1 kilo of potatoes, 400 grams of ham, 3 kilos of onions, ½ kilo of cheese, 1 bottle of white wine

4 These items at the supermarket cost you the following amounts in **euros** and **cêntimos**. What are they in figures?

a	pão:	cinquenta e nove cêntimos	....
b	queijo:	nove euros e quarenta e sete	....
c	fiambre:	um euro e setenta e oito	....
d	Now add them up and give the total in words and figures.		

now you're talking!

1 **2•27** You're having a party and you need to buy a few items. First you go to the **loja de bebidas** *drinks shop*.

- **Bom dia. Diga.**
- ◆ Ask for twelve bottles of white wine and six bottles of red wine.
- **Mais alguma coisa?**
- ◆ Ask for three bottles of mineral water.
- **É só?**
- ◆ Ask for twelve bottles of beer.
- **Cerveja Sagres?**
- ◆ Say *yes* and ask how much it is in total.

2 **2•28** Next you go to the **charcutaria** *delicatessen*.

- ◆ Ask if they have any ham.
- **Sim, quanto?**
- ◆ Ask for 300 grams.
- **Aqui está. Mais alguma coisa?**
- ◆ Say you'd like half a kilo of cheese.
- **É só?**
- ◆ Say that's all, and ask how much it all is.

Then you go to the **correio** *post office*.

- ◆ Ask how much a stamp for America costs.
- **€0,70.**
- ◆ Ask for three stamps and say you'd like three postcards as well.
- **Três postais ...**
- ◆ Ask how much everything is.
- **€3,10.**

quiz

1 Would you use **Quanto custa?** or **Quanto custam?** to ask how much the following cost?
as bananas, o gelado, os selos, o jornal

2 How would you ask how much a stamp costs?

3 How would you say *It's too expensive* when referring to a magazine?

4 What is **um quilo de pêssegos**?

5 Are the following vegetables or fruit?
batatas, cebolas, cogumelos?

6 What can you buy in **a banca do peixe**?

7 How would you say *I'd like three bottles of mineral water*?

8 Which word do you need to insert to say *It's too small*?
É .... **pequeno.**

Now check whether you can ...

- ask how much something costs
- understand the answer
- say you'd like something
- comment on or describe something simply
- give some details of what you want to buy, e.g.
  - ask for a kilo, half a kilo, 100 grams of food
  - ask for a bottle, a litre, half a litre of a liquid
  - ask for stamps for a particular country

Looking up a word in an English–Portuguese dictionary can be complicated because there is often more than one translation given. To find the correct meaning, it's often helpful to bear in mind the context in which the word appears. You can always check what you think the word is in Portuguese by looking it up again in a Portuguese–English dictionary.

Ponto de controlo 2

1 **2•29** Steve Llewellyn and Maria Fernandes are looking for the **Clube de Desporto** *sports club* where they are to meet Carlos and Isabel. They ask a passer-by for directions. Listen and then answer these questions:

a Where is the sports centre? ....

b How far is it? ....

c What directions are they given? ....

....

2 **2•30** At the sports club Carlos tells them what facilities there are and when it is open.

a What facilities are available?

piscina ☐   restaurante ☐   parque ☐   café ☐

sauna ☐   campo de ténis ☐   loja ☐   ginásio ☐

b Is the club open every day?

3 **2•31** Steve and Maria look round the sports club and decide they would like to join. At the reception desk they are given application forms to fill in. Listen as they discuss the details and fill in Maria's form.

CLUBE DE DESPORTO DO SPORTING

Nome: *Maria Fernandes* ....

Morada *address*: *Rua Almirante Reis No.* ....

Telefone: ....

Idade *age*: ....

Altura *height*: .... **metros**

Peso *weight*: .... **quilos**

---

4 **2•32** Maria and Steve have a look round the sports shop. Which of these do they buy? Look up any words you don't know.

fato de treino □   **calções** □   **saco de desporto** □

sapatos de treino □   **T-shirt** □

5 **2•32** Listen to the conversation in the shop again and answer these questions:

a How much does the tracksuit cost?

b What do they say about it?

c How much are the T-shirts?

d What size T-shirt does Steve need?

tamanho pequeno *small* □

tamanho médio *medium* □

tamanho grande *large* □

e What do they decide to buy?

6 **2•33** Maria decides to pay for her shopping by cheque. Can you write down the total amount in words and figures?

CAIXA GERAL DE DEPÓSITOS			
Maria Fernandes		EUROS	
	Assinaturas	Data	
		......../......../........	
à ordem de Loja do Sporting			
a quantia de _____			

7 Later in the day, Maria goes to the supermarket with Steve to buy some food. Maria likes vegetables and fish but won't eat meat. Which of the following do you think she'll buy?

três tomates grandes
200 gramas de fiambre
cinco maçãs
quatro quilos de batatas
um quilo de bacalhau
quatro hambúrgueres
meio quilo de cogumelos

8 She also needs some drinks. Match the two columns to find out the exact items.

a	vinho		natural
b	água		de chocolate
c	café		mineral
d	leite		descafeinado
e	sumo		tinto

9 After the supermarket, they go to the **papelaria** *stationer's*. Fill in the blanks using the words from the box.

Maria	Quanto .... o livro?
Empregado	€22,50.
Maria	Quanto .... os postais?
Empregado	€1,25 ....
Maria	.... selos?
Empregado	Não. O correio é .... primeira rua à ....
Maria	Quanto custa ....?
Empregado	.... livro, ... jornal, cinco postais e .... revista: €32,30.

na
custam
o
direita
tem
tudo
custa
a
cada
o

10 Can you write the questions to the answers given below?

a Moro em Coimbra.
b Um banco? Sim. Há um na segunda rua à esquerda.
c O Centro de Turismo é na praça.
d Não, não é longe.
e Trabalho num escritório.

11 Maria and Steve plan to go to a Chinese restaurant for lunch, to the cinema in the evening and then to a nightclub. Carlos writes down some directions. Which letter on the map corresponds to:

a the restaurant?   b the cinema?   c the nightclub?

Há um restaurante chinês no centro da cidade, na rua Castilho. É na primeira rua à esquerda, depois na primeira à direita. O restaurante é à esquerda, em frente do mercado. O cinema é sempre em frente, ao fundo da avenida Almirante Reis. A discoteca é em frente do cinema, na rua 5 de Outubro.

Queria um quarto

checking in at a hotel

finding a hotel room

booking ahead by phone

making requests

Em Portugal ...

accommodation is usually quite easy to find. Places to stay include simple and inexpensive 1-star hotels and **pensões** *boarding houses*, luxurious 4- and 5-star hotels and **pousadas** (state-owned hotels, mostly in the country), which are usually very well managed and equipped. **Estalagens** *inns* are similar to **pousadas** but are also found in towns. **Pousadas de juventude** *youth hostels* offer accommodation at budget prices but there are relatively few of them. When booking a room always check if breakfast is included in the price: **O pequeno almoço está incluído?**

Checking in at a hotel

1   2•34 Listen to these key phrases.

Reservei ...   I've booked ...

... um quarto simples

... um quarto com duas camas

... um quarto de casal

... com banho

... com duche

no rés-do-chão (R/C)   on the ground floor
no primeiro piso   on the first floor
no segundo piso   on the second floor
no terceiro piso   on the third floor

O seu nome?   Your name?
O seu passaporte, por favor   Your passport, please

2   2•35 Margarida Pinto is the receptionist at the Hotel Central. Several guests arrive and check in. Listen as she greets them and checks their names in the register, before giving them their key (**a chave**). Listen several times, then fill in the details on the grid.

	Tipo de quarto	Banho/ duche	Número de quarto	Piso
Sr Lopes				
Sra Fortes				
Sr Abreu				

3   2•35 Listen to Margarida again and make a note of where the lift (**o elevador**) is.

Finding a hotel room

1   **2•36** Listen to these key phrases.

Tem um quarto ...	Do you have a room ...
para uma noite?	for one night?
para esta noite?	for tonight?
Como se escreve?	How do you spell it?

2   **2•37** A couple arrive at reception and ask Margarida for a room. What kind of rooms do they want and how long do they want to stay? What room numbers are they offered?

3   **2•38** Now listen to Margarida saying the Portuguese alphabet and repeat it.

A B C D E F G H I J L M N O P Q R S T U V X Z

The letters K (**kapa**), W (**dábilo**) and Y (**ípsilon**) do feature in the Portuguese alphabet but are found mainly in words of foreign origin and spelling.

4   **2•39** Margarida asks the couple to spell their surnames. Circle the correct words below.

González   **Gonçalves**   **Martim**   **Martins**

5   **2•40** Margarida is spelling some hotel names for Steve. Listen to their conversation and fill in the spaces below.

HOTEL   _ _ LA_ _ _ RA
POUSADA   _O_ VA_ _O

Try spelling your name and that of your home town.

6   How would you ask if the hotel has:

- a double room with shower?   • a single room with bath?

Booking ahead by phone

1   **2•41** Listen to these key phrases.

Estou.	Hello. (on the phone)
Queria um quarto.	I'd like a room.
Para quando?	When for?
Para quantas noites?	For how many nights?
Para duas semanas.	For two weeks.
Um momento.	One moment.
Não há vagas.	There are no vacancies.
Está bem.	OK, that's fine.

Em português ...

dates are expressed with the number + **de** + month:

um de julho	1st July
vinte e sete de setembro	27th September
para um de fevereiro	for 1st of February
de trinta de junho ...	from 30th June ...
... a treze de julho	... to 13th July
dia cinco	the 5th (day)

2   **2•42** Margarida is taking some bookings over the phone. Listen and decide what dates these people want rooms for.

a ....   b ....   c ....

Making requests

1   **2•43** Listen to these key phrases.

Posso .../Podemos ...	Can I .../Can we ...
... telefonar daqui?	... phone from here?
... comprar selos?	... buy stamps?
... estacionar aqui?	... park here?
... nadar na piscina?	... swim in the pool?
O telefone não trabalha.	The phone isn't working.

Em português ...

the verb which follows **posso/podemos** is always in the infinitive (the form which you find in the dictionary, ending in **-ar**, **-er** or **-ir**).

The infinitives on this page all end in **-ar**:
telefonar *to phone*   **comprar** *to buy*   G14

2   **2•44** Four hotel guests ask at reception if they can do certain things. Answer **sim** or **não** in each case.

What does Margarida say about the phone and the pool?

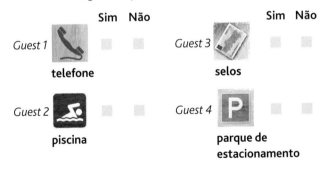

	Sim Não		Sim Não
Guest 1		*Guest 3*	
telefone		**selos**	
Guest 2		*Guest 4*	
piscina		**parque de estacionamento**	

3   **2•45** A couple arrive at the hotel and are not sure where they can park their car. How do they ask?

Where does the porter advise them to park?

put it all together

1   Match the English with the Portuguese phrases:

a **Tem ...?**	I've booked ...
b **Reservei ...**	Can I ...?
c **Queria ...**	Do you have ...?
d **Posso ...**	I'd like ...

2   You want to stay at **Hotel Bela Vista** and you write a letter to the manager to book a room. Fill in the blanks.

Lisboa, 13 de Agosto de 2003
Sr Gerente,
Queria reservar (a) ....
(b) ...., (c) ...., de
(d) .... a (e) ....,
em nome de (f) ....

> **o gerente** *manager*
> **reservar** *to book*

a	a double room	b	with bath
c	for three nights	d	23rd September
e	25th September	f	your name

3   If you asked the manager of this hotel the following questions, would he answer **Sim** or **Não**?

Hotel Dom Henrique ★★★
Portimão – Algarve
- perto da praia
- 32 quartos com banho, TV, vista para o mar
- fechado 30 de Novembro – 1 Março

	Sim	Não
a Há um restaurante no hotel?		
b Tem piscina?		
c O hotel é longe da praia?		
d Está aberto em março?		

1 **2•46** Imagine you are Mr Brett and you have gone to a hotel to ask for a room. The receptionist greets you.

- ● **Bom dia. Faz favor.**
- ◆ Ask if she has a room.
- ● **Para uma pessoa?**
- ◆ Say yes; say it's for three nights.
- ● **Sim, há um quarto no terceiro piso.**
- ◆ Ask how much it is.
- ● **€50 por noite. O seu nome?**
- ◆ Say your name is Lionel Brett.
- ● **Como se escreve Brett?**
- ◆ Spell BRETT.

2 **2•47** Now imagine you are Mrs Bustamante and you telephone the hotel to book a room.

- ◆ Say hello.
- ● **Hotel Central. Boa tarde.**
- ◆ Greet the person and ask if they have a room for a week.
- ● **Simples ou de casal?**
- ◆ Say a double room.
- ● **O seu nome?**
- ◆ Say your name is Maria Bustamante.
- ● **Como se escreve Bustamante?**
- ◆ Spell BUSTAMANTE.

3 **2•48** You arrive at a hotel where you have booked a room. You need to:

- ◆ say you've booked a room for two nights
- ◆ give your name and spell it
- ◆ specify with bath
- ◆ ask if you can park near the hotel

quiz

1. How do you say *hello* on the phone?
2. How would you say *for the 21st April*?
3. What is a **chave**?
4. What would a notice saying **Não estacionar** mean?
5. Which month follows **junho**?
6. When would you use **posso** and when **podemos**?
7. What does **rés do chão** mean?
8. What is **um quarto com duas camas**?
9. Which of these means *3rd May*: **treze, três, trinta de maio**

Now check whether you can ...

- say you've booked a room
- ask whether a room is available
- ask for a room and specify single or double
- say whether you want a room with or without a bath or shower
- say how long you want the room for
- understand and specify dates
- spell your name in Portuguese

If you travel to Portugal with someone else, you may sometimes want to be able to say *we* instead of *I*. For many verbs (the **-ar** group) this involves substituting the **-o** ending with **-amos**:

moro	*I live*	**moramos**	*we live*
trabalho	*I work*	**trabalhamos**	*we work*

The other groups of verbs (**-er** and **-ir**) have different patterns of endings, and there are also some exceptions:

sou	*I am*	**somos**	*we are*

For more information see Grammar on page 125.

A que horas parte?

asking if there is a bus or coach

checking train times

buying tickets

checking travel details

Em Portugal ...

if you travel by public transport, you'll find that the fares are quite reasonable and that **autocarros** *buses*, **comboios** *trains* and **camionetas** *coaches* are frequent and generally reliable. In Lisbon and Oporto there are still **elétricos** *trams* and in some parts of the city **elevadores** *cable cars* that take you up and down the high hills. Both cities also have a **metro** *underground*. **Camionetas** *coaches* will usually take you to the main cities and if you want to travel by **avião** *plane* there are international **aeroportos** *airports* at Lisbon, Oporto, Faro, Madeira and the Azores.

Asking if there is a bus or coach

1   2•49 Listen to these key phrases.

Há um autocarro para ...?	Is there a bus to ...?
Há uma camioneta para ...?	Is there a coach to ...?
Há, sim.	Yes, there is.
Não há não.	No, there isn't.
Quando parte?	When does it leave?
Há um/uma ...	There is one ...
... às dez horas.	... at 10 o'clock.

Em português ...

to say the time at which something takes place, you use **à** or **às**
+ a number. The word **hora/s** *hour/s* is sometimes added.

à	**à uma (hora)**	*at 1 o'clock*
às	**às duas (horas)**	*at 2 o'clock*
	às nove (horas)	*at 9 o'clock*

To say the time of day, you use these expressions:

da manhã	*in the morning*
da tarde	*in the afternoon*

---

2   2•50 Carlos asks at the tourist office about the availability of coaches and buses. Listen and note down the departure times.

Vilamoura	....	Lagos	....
Braga	....	O aeroporto	....

3   2•51 At the coach station Maria asks about departure times. How does she ask if there is a coach to Viana do Castelo?

How does she ask when the coach to Faro leaves?

4   How would you ask if there is:

- a coach to Oporto?
- a bus to the station?

... and checking train times

5 **2•52** Listen to these key phrases.

A que horas ...	At what time ...
parte o próximo comboio	does the next train leave
... para Braga?	... for Braga?
A que horas ...	At what time ...
chega o comboio	does the train arrive
... a Braga?	... in Braga?
... de Braga?	... from Braga?

Em português ...

train times are usually given in the 24-hour clock. Hours are
separated from minutes by **e** *and*.

à uma e trinta	*at 01.30*
às nove e vinte	*at 09.20*
às catorze e cinquenta e dois	*at 14.52*

---

6 **2•53** Steve asks about the **partidas** *departures* and **chegadas** *arrivals*
of trains to various cities. He writes down the times but forgets to
write down the cities. As you listen, can you match them
up correctly?

partida	chegada	cidade
07.35	09.40	....
	09.30	....
	10.00	....
07.45	10.15	....

Viseu
Faro
Braga
Lagos

7 Now can you ask:

- what time the next train to Faro leaves?
- what time the train arrives in Faro?
- what time the train from Lisbon arrives?

Buying tickets

1 **2•54** Listen to these key phrases.

Um bilhete para ...	A ticket to ...
Só de ida ...	Single ...
... ou de ida e volta?	... or return?
(de) primeira classe	first class
(de) segunda classe	second class
para o intercidades	for the intercity
De que linha parte?	Which platform does it leave from?

2 **2•55** Pedro de Sousa is an employee (**empregado**) at the train station in Lisbon. Listen and record the details of five tickets he sells.

Destino	Ida e volta/ só ida	Classe	Para o intercidades sim/não
Faro			
Braga			
Coimbra			
Lagos			
Oporto			

3 **2•55** Listen again, and this time decide:

a which platforms these trains leave from:
   Braga .... Oporto .... Faro ....
b what time the train to Coimbra leaves. ....
c when it arrives in Coimbra. ....

4 How would you ask for the following?

- a return ticket to Lagos
- a first-class single ticket to Coimbra
- a return ticket for the intercity to Oporto

... and checking travel details

5 **2•56** Listen to these key phrases.

É direto?	Is it a through train?
Não é não.	No, it's not.
Tenho de ...?	Do I have to ...?
Tem de ...	You have to ...
... mudar.	... change.
... reservar lugar.	... make a seat reservation.
hoje/amanhã	today/tomorrow
Não compreendo.	I don't understand.

6 **2•57** Listen to Marta asking for information about travelling by train on **um feriado** *bank holiday*. Fill in the gaps in the conversation.

Marta	**Há comboio para Braga amanhã, feriado?**
Empregado	**Há sim.**
Marta	**É direto?**
Empregado	**Não é não. A senhora .... mudar no Porto.**
Marta	**..................... reservar lugar?**
Empregado	**Sim e .... reservar hoje.**

7 **2•58** At the **Informações** *information desk* two people check the details of their journey. Listen to the recording several times and decide if each statement is **verdadeiro** or **falso**. The first one has been done for you.

		v	f
a	The man wants to go to Viana do Castelo.	✓	
b	He has to change trains.		
c	He doesn't need to reserve a seat.		
d	His train leaves from Platform 5.		
e	The woman wants to travel by coach.		
f	The coach arrives at 11.15.		
g	She buys a return ticket.		

put it all together

1   Fill in the blanks, using the words in the box:

a   **Quanto custa um bilhete de ida e
    ....?**

b   **........................ mudar no Porto?**

c   **Há um comboio .... Évora?**

d   **A camioneta para Faro .... de
    Lisboa .... da manhã.**

e   **........................ um elétrico para o Mosteiro
    dos Jerónimos?**

f   **A que .... chega o avião de Londres?
    – .... às onze horas.**

para
há
horas
parte
tenho de
às nove
volta
chega

2   How would you say the following times in Portuguese?

a   at 1 o'clock   b   at 07.25
c   at 10 o'clock   d   at 13.00
e   at 16.15   f   at 22.30

3   Can you match the questions to the answers?

a Sim, há uma às 11 horas.	1 Tenho de reservar lugar
b O comboio de Lisboa chega à uma hora.	2 A que horas chega o comboio de Lisboa?
c Um bilhete só de ida.	3 O comboio é direto?
d O comboio parte da linha dois.	4 Há uma camioneta para Lagos?
e Sim, tem de reservar lugar.	5 Só de ida ou de ida e volta?
f Não, tem de mudar.	6 De que linha parte o comboio para Faro?

now you're talking!

1   **2•59** Imagine you're at the ticket office in the station at Oporto. First, you want to go by train to Braga.

◆ Tell the ticket clerk that you want a ticket to Braga.

● **Só de ida ou de ida e volta?**

◆ Say you want a single ticket, then ask how much it is.

● **De primeira ou segunda classe?**

◆ Say first class.

● **Primeira classe para Braga ... €10,50.**

◆ Ask at what time it leaves.

● **O comboio parte às três horas.**

◆ Ask from which platform.

● **Da linha dois.**

2   **2•60** Next, you go to the coach station to ask for information about coaches from Coimbra to Viana do Castelo.

● **Diga.**

◆ Ask if there's a coach to Viana do Castelo.

● **Sim, há uma de meia em meia hora.**

◆ Ask if you have to book.

● **Não, não tem de reservar lugar.**

◆ Ask how much the ticket costs.

● **€9.**

◆ Ask what time the coach arrives in Viana do Castelo.

● **Chega a Viana do Castelo às 11.45.**

◆ Say you'd like a return ticket.

3   **2•61** Two days later you decide to travel to Coimbra by train. For this activity you need to be able to:

◆ ask if there is a direct train to Coimbra
◆ ask where you have to change
◆ ask how much a return ticket costs
◆ say you want a ticket

quiz

1 Which is the odd one out?

   bilhete   **comboio**   **camioneta**   **autocarro**

2 If you heard someone say **Há um autocarro para a estação?**, what would they be asking?

3 Do **Chegadas** refer to *Arrivals* or *Departures*?

4 If you want a ticket to Lisbon do you say **Um bilhete para Lisboa** or **Um bilhete de Lisboa**?

5 How would you say to someone: *It leaves at 5.30*?

6 What does **Não compreendo** mean?

7 If you want to ask *Do I have to change?* would you use **tem de** or **tenho de**?

8 Does **amanhã** mean *tomorrow* or *in the morning*?

9 When would you meet a train if you were told **Chega às vinte e duas e quarenta e nove**?

Now check whether you can ...

- ask if there's a bus or a coach going to a particular place
- ask when or at what time trains (or other means of transport) depart and arrive
- find out from which platform a train leaves
- find out whether you have to make a seat reservation
- ask for a single or return ticket
- ask if you have to change

If you feel a bit overwhelmed by the amount of vocabulary and phrases you've met, go back to one of the early units to prove to yourself that you know a lot more than you think. Also try and improve on what you've learnt by identifying any strengths and weaknesses. The more you practise and build on your strengths, the easier it will be to find new ways of dealing with the weaknesses.

Bom apetite!

reading the menu

asking about items on the menu

ordering a meal

saying what you like and don't like

paying compliments

Em Portugal ...

meals tend to be nourishing and substantial and consist of several courses: **entradas** *starters* or **sopas** *soups*, **carnes** *meat dishes* or **peixes** *fish dishes* with **acompanhamentos** *side orders* and a **sobremesa** *dessert*. In some restaurants you can order **meia dose** *half a portion* of a dish. Many restaurants will offer a **prato do dia** *dish of the day*, which is a reasonably-priced meal in itself. When ordering wine, you can ask for **meia garrafa** *half a bottle* or **uma garrafa** *a bottle*.

At the start of a meal you usually wish people **Bom apetite!** *Enjoy your meal!*

EMENTA

Entradas

Camarões ou Gambas
Amêijoas à Trindade
Melão com presunto
Paté de pato com pão torrado

Sopas

Sopa do dia
Caldo verde

Peixes

Arroz de marisco
Sardinhas grelhadas
Bacalhau à Zé do Pipo
Lulas fritas
Carapaus com molho à espanhola

Carnes

Bife à casa
Espetada de carne
Febras grelhadas
Frango no churrasco
Carne de porco à alentejana

Acompanhamentos

Salada de tomate ou Salada mista
Espinafres, cenouras ou feijão verde
Batatas fritas, cozidas ou puré de batata
Arroz

Sobremesa

Baba de camelo
Pudim flan
Bolo de chocolate
Arroz doce
Fruta da época

Starters, often consisting of shellfish such as **camarões** *shrimps*, cold meats, etc. or soup such as **caldo verde** (green cabbage soup)

Fish course, which might include **arroz de marisco** *seafood risotto*, **lulas** *squid*, the traditional **bacalhau** *salted cod* or **carapaus** *jackfish*

Meat and poultry, often served with a side dish of salad or vegetables such as **cenouras** *carrots*, **espinafres** *spinach* or **feijão verde** *haricot beans*

Desserts might include **pudim flan** *crème caramel*, **Baba de camelo** (pudding made with condensed milk and eggs), **gelado** *ice cream* and **arroz doce** *rice pudding*. **Bolo** is a *cake*.

Reading the menu

1 Read the following notes and then try to work out the meanings of the dishes on the menu. Use the glossary where necessary.

Here are some general terms referring to dishes:

... **do dia**	... *of the day*
... **da época**	... *in season*
... **mista**	*mixed* ...
... **da casa**	*house* ...

... and some methods or the style in which they are cooked:

frito	*fried*	**no churrasco**	*barbecued*
grelhado	*grilled*	**à espanhola**	*Spanish style*
assado	*roast, baked*	**à casa**	*house style*
cozido	*boiled*	**com molho**	*with sauce*
torrado	*toasted*		

Fresh fish and seafood is plentiful: **lulas** *squid*, **camarões** *shrimps*, **gambas** *prawns*, **sardinhas** *sardines*, **pescada** *hake*, **carapaus** *jackfish* and **bacalhau** *salted cod* are commonly found. **Amêijoas** are *clams*.

Meat can be **vaca** *beef*, **porco** *pork*, **borrego** *lamb*, or perhaps **leitão** *suckling pig* or **cabrito** *kid*. **Presunto** is *smoked ham*. Poultry includes **frango** or **galinha** *chicken*, **peru** *turkey* and **pato** *duck*.

Bife is a *steak*, **espetada** a *kebab*, **febras** are *fillets* (usually pork) and **costeletas** *chops*.

Famous dishes include the following:

cozido à portuguesa (meat and vegetable stew)
carne de porco à alentejana (pork with clams)

Asking about items on the menu

1   **2•62** Listen to these key phrases.

Uma mesa para três pessoas.	A table for three.
O que é …?	What is …?
Como é?	What's it like?
Como são?	What are they like?

2   **2•63** Carlos, Maria and Steve are shown to a table in the **Restaurante do Mar**. Listen as they ask about some of the items on the menu (page 88) and tick the ones you hear.

3   **2•64** Listen to more of their conversation. How does Steve ask what the **prato do dia** is? What does it consist of?

lulas grelhadas   **espetada de lulas**   **febras grelhadas**

4   **2•65** Listen as the waitress describes **bacalhau à Zé do Pipo**. Can you work out what it is and how it's cooked?

Is it …	fish	meat?
Is it …	boiled	baked?
Does it come with …	chips	mashed potatoes?
	vegetables	salad?

5   **2•66** Carlos wants to know the ingredients of **carne de porco à alentejana**. How does he ask?

Listen as the waitress lists the ingredients and tick them as you hear them. Can you fill in the missing ingredient?

> CARNE DE PORCO À ALENTEJANA
>
> porco
> amêijoas (clams)
> ....
> tomates

Ordering a meal

1 **2•67** Listen to these key phrases.

Estão prontos/as a pedir?	Are you ready to order?
O Senhor/A Senhora	What are you going to have?
o que vai comer?	
Que recomenda?	What do you recommend?
Eu vou comer ...	I'm going to have (eat) ...
Para mim ...	For me ...
Para beber?	To drink?

2 **2•68** The waitress comes over to ask if Carlos, Maria and Steve are now ready to order. What do they each order as starters?

Carlos .... *Maria* .... *Steve* ....

3 **2•69** Listen as they order their main dishes and complete the conversation.

Empregada	**O Senhor o que** .... **comer?**
Steve	**Vou comer o prato** ....
Maria	**Para** .... **as febras grelhadas.**
Carlos	.... **recomenda?**

4 **2•70** The waitress asks them what they want to drink. What do they order? Underline the drinks and tick the quantities.

	garrafa	meia garrafa	copo
água sem gás/com gás			
sumo de laranja			
cerveja			
vinho branco/tinto			

5 How would you say you'll have the following?

- the soup of the day
- a mixed salad
- the grilled sardines

Saying what you like and don't like

1   **2•71** Listen to these key phrases.

O que tem de sobremesa?	What do you have for dessert?
(Eu) gosto de ...	I like ...
(Eu) não gosto de ...	I don't like ...
Gosta de ...?	Do you like ...? (**você**)
Gostas de ...?	Do you like ...? (**tu**)
Também gosto.	I like it too.
Gosto muito.	I like it very much.

2   **2•72** Steve, Carlos and Maria are now ready for a **sobremesa**. How do they ask what there is? Listen as the waitress answers and tick the desserts you hear.

Sobremesas

arroz doce
pudim flan
gelados
mousse de chocolate

tarte de maçã
bolo de chocolate
Baba de camelo
fruta da época
bolo de mel

Em português ...

when replying to a question, you usually include the verb in the reply, e.g.

<u>Gosta</u> de arroz doce?	**Sim, <u>gosto</u>.** Yes, I do.
<u>Gosta</u> das gambas?	**Não, não <u>gosto</u>.** No, I don't.

I like it and *I like them* are both **gosto**.   **G11**

---

3   **2•73** Listen as Carlos, Maria and Steve discuss which desserts they like.

How does Carlos say he doesn't like **pudim flan**?
How does Steve say he likes **arroz doce**?
Do they all like **Baba de camelo**?

4   How would you say you like/don't like rice pudding?

Paying compliments

1   2•74 Listen to these key phrases.

Está tudo bem?	Is everything all right?
Sim, está.	Yes it is.
É ...	It's ...
... bom (m)/**boa.** (f)	... good.
São ...	They're ...
... bons (m)/**boas.** (f)	... good.
ótimo/a, muito doce	excellent, very sweet

2   2•75 The waiter asks four customers **Está tudo bem**? Listen and tick any comments which you hear.

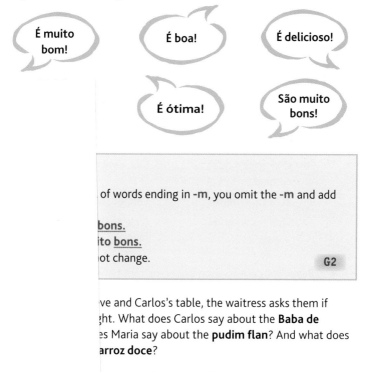

É muito bom!

É boa!

É delicioso!

É ótima!

São muito bons!

... of words ending in **-m**, you omit the **-m** and add

bons.
ito **bons.**
ot change.

G2

ve and Carlos's table, the waitress asks them if
ght. What does Carlos say about the **Baba de**
es Maria say about the **pudim flan**? And what does
arroz doce**?

y the soup is very good?

ST

put it all together

1. Complete the phrases on the left with the correct comments on the right.

a	A carne ...	são muito boas.
b	As sardinhas ...	é ótima.
c	O bolo ...	são bons.
d	Os bifes ...	é delicioso.

2. Which of the following are starters and which are main dishes?

frango no churrasco   **caldo verde**   **bacalhau cozido**
melão com presunto   **lulas fritas**   **paté de pato**

Entradas e sopas   Peixes e carnes

....
....
....

3. Which answer fits each question?

a	Gostas de vinho branco?	Hoje o bife é bom.
b	O senhor o que vai comer?	Sim, está.
c	Está tudo bem?	Sim, gosto.
d	Que recomenda?	A carne de porco, por favor.

4. Below is a conversation in a restaurant between the waiter and a couple. Put the sentences in order.

a   Uma garrafa de vinho da casa.
b   Sim, eu vou comer o bacalhau cozido.
c   Estão prontos a pedir?
d   A espetada de lulas, por favor.
e   E para beber?
f   E a senhora o que vai comer?

1   **2•77** Imagine you're going out for a meal at **Cervejaria Portugália**. The waiter greets you.

- **Uma mesa para uma pessoa?**
- ◆ Say yes.
- **Está pronto a pedir?**
- ◆ Say you'd like the prawns, then the barbecued chicken with a tomato salad.
- **Para beber?**
- ◆ Say you'd like a bottle of the house wine.
- **Branco ou tinto?**
- ◆ Say the red.

2   **2•78** Later the waiter comes to your table to check that all is well.

- **Está tudo bem?**
- ◆ Say yes it is, the wine is excellent and the chicken is delicious.
- **Deseja sobremesa?**
- ◆ Say you'll have the cream caramel.
- **Café?**
- ◆ Say no.

3   **2•79** You go to a restaurant with a work colleague who doesn't speak much Portuguese.

- **Estão prontos a pedir?**
- ◆ Ask him what he recommends.
- **A carne de porco à alentejana é muito boa.**
- ◆ Order the pork and clams for yourself and a house steak for your friend.
- **E para beber?**
- ◆ Order two beers.

quiz

1 What does **Que recomenda?** mean?
2 Would you use **Gosto** or **Gosta** to say you like something?
3 What is **meia dose de arroz de marisco**?
4 How would you say *I'll have the cod*?
5 Which one of these is not a dessert?

   salada de fruta, puré de batata, tarte, arroz doce
6 How would you say *The prawns are good*.
7 If someone asks you **O que vai comer?**, are they referring to food or drink?
8 How would you say *I don't like meat*.

Now check whether you can …

- understand the main points of a Portuguese menu
- ask about items on the menu
- order a meal with drinks
- say what you like and what you don't like
- ask others what they like
- pay a compliment

Congratulations! You have reached the end of **Talk Portuguese**.

Now prepare yourself for the **Ponto de controlo 3** with some revision. Listen to the conversations again – the more you listen the more confident you will become. You can test your knowledge of the key phrases by covering up the English in the lists. Look back at the quizzes and checklists to assess how much you remember, and take every opportunity to speak Portuguese. Hold a conversation with yourself if there's nobody else available!

Ponto de controlo 3

Imagine you've just arrived in Faro on a Saturday evening at the start of a holiday in Portugal.

1 You make your way to **Hotel Dom Henrique**, where you've booked a room with a shower until Monday. After giving your name to the receptionist, which of the following would you say?

  a **Tem um quarto simples com banho para duas noites?**
  b **Reservei um quarto de casal com duche para três noites.**
  c **Reservei um quarto simples com duche para duas noites.**

2 **2•80** Listen to the receptionist's reply. Make a note in English of the two questions she asks you, and also of your room number and which floor your room is on.

  a ....
  b ....
  c **Quarto** ....   **Piso** ....

3 You need some information. Ask the receptionist:

  a if you can make a phone call.
  b if there is a tobacconist's nearby.
  c if the tourist office is open on Sunday.
  d if there is a coach to Évora.

4 Here are her replies. Which answer fits each question from Activity 3?

  1 **Sim, a cinco minutos a pé.**
  2 **Sim, o telefone é aqui à direita.**
  3 **Há sim.**
  4 **Sim. Está aberto todos os dias.**

5 **2•81** You want to phone Pedro, a Portuguese friend whom you met on your last visit to Portugal. His phone number has changed, so you ring directory enquiries. As you listen to the operator, write his number down.

telefone: ....

6 **2•82** The receptionist suggests some places you might like to visit in Évora. Which ones? Listen and tick the ones you hear.

the Maritime Museum ☐ the Modern Art Museum ☐
the castle ☐ the old part of the city ☐
the Temple of Diana ☐ the monastery ☐

7 **2•83** On Sunday you decide to visit Évora and you go to the coach station to buy a return ticket.

How do you ask the following?
a when the next coach leaves for Évora
b how much a return ticket costs

Now listen to the audio and make a note of the time the coach leaves and when it gets to Évora. Write down the price of the ticket.

Partida	Chegada	Preço

c Is the journey direct?

8 **2•84** When you arrive at the coach station in Évora, it's lunchtime and you're feeling hungry. How would you ask a passer-by whether there are any restaurants in the area? ....

Now listen to her reply and write down her instructions:

....

....

9   Once seated in the restaurant, you
     scan the menu.

     You decide you'd like the soup
     followed by grilled sardines and a
     mixed salad.

     a   What do you say?

     To drink, you'd like half a bottle of
     white wine and some mineral water.

     b   How do you order it?

     Later the waitress comes back to ask
     if you want a dessert. You've already
     decided on the chocolate cake!

     c   How do you order your dessert?

Sopas e entradas
melão com presunto
sopa do dia
Peixes e carnes
lulas fritas
sardinhas grelhadas
frango no churrasco
Sobremesa
tarte de maçã
bolo de chocolate

10   You meet Pedro in a bar. Order a beer for yourself and a glass of red
     wine for Pedro, then ask how much it is.

     a   ....
     Aqui tem.

     b   ....
     €1,45.

     Pedro tells you about his new girlfriend, Elisa. Can you work out what
     questions to ask about her, if these are his answers?

     c   ....
     Ela é de Lisboa.

advogado/a *lawyer*

     d   ....
     É advogada.

     e   ....
     Tem 25 anos.

     2•85 When Elisa comes to join you at the bar, she wants to find out
     about you. Listen to the audio and answer her questions.

11 **2•86** You're hoping to meet up with Pedro, but this might be difficult as he travels a lot for his company. Listen as he tells you what his plans are for next week and write them down in your diary.

Monday		Friday	
....		....	
Tuesday		**Saturday**	
....		....	
Wednesday		**Sunday**	
....		....	
Thursday			
....			

12 Pedro shows you a leaflet about the hotel where he suggests you all meet up next weekend. Read the leaflet then answer the questions.

★ ★ ★ ★ Pousada Dona Maria

- Com jardim, piscina e restaurante.
- Vista panorâmica.
- Perto da praia. A vila é a cinco minutos a pé.
- Todos os quartos têm casa de banho privativa.

Preços
Quarto individual   €50 por quarto por noite
Quarto de casal   €70 por quarto por noite
O pequeno almoço está incluído.

---

a   How far is it from the village?
b   What facilities does it have?
c   Is the beach far?
d   Are the prices per person or per room?
e   Is breakfast included?
f   What kind of hotel is it?

> **a vila** *village*

Transcripts and answers

This section contains scripts of all the conversations. Answers which consist of words and phrases from the conversations are given in bold type in the scripts. Other answers are given separately.

Unit 1

Pages 8 & 9 Saying hello and goodbye

2 ● **Bom dia**, Senhora Bárbara.
   ◆ **Boa tarde**, Senhor António.

3 ● Boa noite, Dona Paula. **Como está?**
   ◆ Bem **obrigada**, e **você**?

5 ● **Adeus bom dia, Dona Paula.**
   ◆ **Boa tarde. Até logo!**
   ● **Tchau. Boa noite.**

6 08.00: Adeus, bom dia.
   14.00: Boa tarde, Senhora Fernanda.
   23.00: Boa noite, Senhor Luís.

7 ● Boa tarde, Senhor Pedro. Como está?
   ◆ Bom dia, Ana. Como estás?
   ● Boa noite, Senhora Paula. Como está?

8 ● Boa tarde, Senhor Pedro!
   ◆ Boa noite, Senhora Paula!

Pages 10 & 11 Introducing yourself and getting to know people

2 ● Boa noite. Eu sou **o João**, **João Reis**.

3 ● A Senhora é?
   ◆ **Sou** a Ana da Costa Passos.
   ● Ah, Dona Ana. Como está?

4 ● Olá, **eu sou o Fernando.** Tu és?
   ◆ **Eu sou a Sandra.** Tudo bem?

6 ● **Chamo-me** Luís de Castro. E você? **Como se chama?**
   ◆ **Chamo-me** Vanda Abreu. **Muito prazer.**
   ● **Muito prazer.**

7 ● Olá! Chamo-me Carla Correia.
   ◆ **Desculpe?**
   ● Chamo-me Carla, Carla Correia.
   ◆ Muito prazer.

8 ● Olá! Como te chamas?
   ◆ **Chamo-me Maria.**

Page 12 Put it all together

1 a Como está?; b Muito prazer; c Bom dia!; d Sou …; e Boa noite; f Adeus; g Como se chama?

a ESTÁ; b MUITO; c DIA; d SOU; e BOA; f ADEUS; g CHAMA

2 a Bom dia; b Boa tarde; c Olá! Tudo bem?; d Adeus, boa noite!

Page 13 Now you're talking!

1 ● Bom dia, a Senhora é?
   ◆ **Sou a Carla Correia.**
   ● Desculpe?
   ◆ **Sou a Carla Correia.**
   ● Ah! Sim, a Senhora Dona Carla Correia!

2 ● Boa noite. Chamo-me Carlos Ribeiro.
   ◆ **Muito prazer.**

3 ● Boa tarde, Dona Carla, como está?
   ◆ **Estou bem, obrigada. E o Senhor?**
   ● Eu também estou bem, obrigado.
   ◆ **Até logo.**

4 ● Boa tarde. Chamo-me Paulo.
   ◆ Eu chamo-me Ana.
   ● **Eu chamo-me Carla. Como te chamas?**
   ◆ Chamo-me Sandra.
   ● **Adeus, boa tarde.**

Page 14 Quiz

1 Como te chamas?; 2 Nice to meet you; 3 in the evening; 4 a man's name; 5 Bem, obrigado/a; 6 tu; 7 Até logo; 8 ADEUS.

Unit 2

Pages 16 & 17 Talking about your nationality and saying where you're from

2 ● Olá, como se chama?
  ◆ Chamo-me **Carlo**.
  ● Donde é?
  ◆ **Sou italiano.**
  ● E você, **Richard**?
  ◆ Eu sou **inglês**, de Londres.
  ● E você também é inglês?
  ◆ Não, não sou inglês. Sou **irlandês**. Chamo-me Martin.
  Carlo is Italian; Richard is English; Martin is Irish.

3 ● Eu sou **portuguesa**, sou de Lisboa. E você, Anna?
  ◆ Eu sou de Cardiff. Eu sou **galesa**.
  ● E você, Robert, donde é?
  ◆ Sou **americano**. Sou de Chicago.
  Maria is Portuguese; Anna is Welsh; Robert is American.

4 galês – **galesa**; inglês – **inglesa**; escocês – **escocesa**; francês – **francesa**; americano – **americana**; brasileiro – **brasileira**; irlandês – **irlandesa**.

5 ● Donde é, Véronique?
  ◆ Sou **francesa**, de **Paris**.
  ● E você, Tom?
  ◆ **Sou inglês**, de **Manchester**.
  ● E você, Katie, é **inglesa**?
  ◆ Não, **não sou inglesa**, sou **escocesa**, de **Glasgow**.

6 ● Andrew, é escocês?
  ● Mary, é irlandesa?
  ● Sean, é americano?
  ● Carla, é italiana?
  ◆ Sim sou.
  ◆ Não, não sou irlandesa. Sou americana.

Page 18 Saying what you do for a living

2 ● A Senhora como se chama?
  ◆ Chamo-me Ana, Ana Fortes.
  ● Eu chamo-me Pedro Correia. O que faz?
  ◆ **Sou artista.** E o Senhor?
  ● **Sou estudante.** E o Senhor?
  ◆ Eu chamo-me Manuel de Oliveira. **Sou dentista.**
  Ana is an artist, Pedro a student and Manuel a dentist.

3 ● Madalena, donde é?
  ◆ Sou de Cascais.
  ● O que faz?
  ◆ Sou pintora.
  ● E você, Fernando, donde é?
  ◆ Sou de Braga e sou médico.
  ● E você, João. Donde é? E o que faz?
  ◆ Sou de Faro. Sou professor.
  Madalena: Cascais, painter; Fernando: Braga, doctor; João: Faro, teacher

Page 19 Giving your phone number

3 ● (1) Tem telefone?
  ◆ Sim. É o três, um, três, dois, nove, dois.
  ● 2) Tem telefone?
  ◆ Sim. É o zero, dois, zero, sete, cinco, oito, dois, dois, quatro, cinco, seis.
  ● (3) Tem telefone?
  ◆ Sim. É o nove, sete, sete, três, seis, três, dois.
  ● (4) Tem telefone?
  ◆ Sim. É o oito, nove, um, cinco, quatro, seis, sete.
  1= b; 2 = c; 3 = d; 4 = a

4 ● O número é o oito, nove, zero, seis, zero, quatro.
  ◆ O número é o sete, sete, um, dois, sete, três.
  travel agency: 89 06 04; doctor's surgery: 77 12 73

5 *a* sete, dois, três, quatro, quatro,
cinco, cinco; *b* oito, nove, quatro,
nove, oito, três, três; *c* zero, dois,
zero, sete, cinco, seis, dois, um,
quatro, três, dois; *d* zero, zero,
quatro, quatro, dois, zero, oito, oito,
nove, quatro, sete, um, seis, um.

Page 20 Put it all together

1 INGLATERRA – ESPANHA – FRANÇA
– ITÁLIA – BRASIL – ESCÓCIA –
ALEMANHA – CANADÁ – IRLANDA

2 • Bom **dia**. Como **se** chama?
  ◆ Chamo-me Martin. E **você**?
  • **Chamo-me** Anne. **Sou** francesa.
    Você **é** americano?
  ◆ Não, sou inglês. Sou **de** Devon.
  • Eu sou de Paris. O que **faz**?
  ◆ **Sou** jornalista.
  • Eu sou professora.

3 *a* Não, sou português; *b* Sou de
Moçambique; *c* Sim, de Angola;
d Sim, sou inglês; *e* Sim. É o 977
1221; *f* Sou artista.

Page 21 Now you're talking!

1 • **Chamo-me +** *your name*. **Sou de
  +** *your home town*. **Donde é?**
  ◆ Sou de Braga.
  • **O que faz?**
  ◆ Sou pintor.
  • **Tem telefone?**
  ◆ Sim. É o 275 6777.

2 • O Senhor Perry é inglês?
  ◆ **Não, sou galês.**
  • Donde é?
  ◆ **Sou de Glamorgan.**
  • O Senhor tem telefone?
  ◆ **Sim. É o zero, zero, quatro,
    quatro, três, três, nove, cinco,
    quatro, um, um.**

3 • **É italiana?**
  ◆ Sim, sou. Sou de Roma.
  • **É artista?**
  ◆ Não, não sou. Sou professora.

Page 22 Quiz

1 QUATRO; 2 Não sou inglês/inglesa;
3 Eu sou de Lisboa; 4 É brasileiro?
5 Não, não sou americano/a, sou
irlandês/esa; 6 What you do for a living;
7 Tem telefone? 8 um, dois, três, quatro,
cinco, seis; 9 Sou estudante.

Unit 3

Page 24 Introducing someone

2 • Bom dia, Senhora Pereira. **Este** é
    o Senhor Luís Correia.
  ◆ Muito prazer.
  • E **esta** é a Senhora Carla Fortuna.
  ◆ Muito prazer.

3 • Esta é a Senhora **Advogada**
    Francisca Martins; Este é o Senhor
    Doutor Roberto Leal; Este é
    o Senhor **Engenheiro** Mário
    de Andrade; Esta é a Senhora
    Doutora Luisa Teixeira.
    *Francisca is a lawyer; Roberto is a
    graduate; Mário is an engineer; Luisa is
    a graduate.*

4 Este é o Senhor António Leal; Este
é o Senhor Carlos Fortuna; Esta é a
Dona Sofia Pereira; Este é o Senhor
Engenheiro Fernando Correia.

Page 25 Talking about your family

2 • **É casada?**
  ◆ Sim, sou.
  • **Tem filhos?**
  ◆ Sim, tenho. **Tenho um filho e uma
    filha.** E você?
  • Eu não sou casado. Sou viúvo.
  ◆ Tem filhos?
  • **Não, não tenho filhos.**
    Doutor Ferreira has no children.

3 • Esta é **a minha** irmã Marta, este é
    o meu irmão Pedro e este é **o meu**
    pai José.

4 • Tens irmãos?
  ◆ **Não, não tenho.**

Page 26 Saying how old you are

2 trinta e sete; noventa e dois; sessenta e nove; setenta e oito
missing number: cinquenta e sete

4 • Cristina, **quantos anos tens?**
 ◆ **Tenho dezanove anos.**
 • Eu tenho vinte anos. E tu, Sofia?
 ◆ Eu tenho dezoito.
 Cristina is 19, Miguel is 20 and Sofia is 18.

5 • Quantos anos **tem?**
 ◆ **Tenho vinte e nove anos.**

Page 27 Talking about another person

1 • Tem filhos?
 ◆ Sim, tenho dois. Um filho e uma filha.
 • Como se chama o seu filho?
 ◆ Daniel.
 • Quantos anos tem?
 ◆ O Daniel tem cinco anos.
 • Como se chama a sua filha?
 ◆ Teresa.
 • Ela quantos anos tem?
 ◆ Sete.
 a F (he's Daniel); b V; c V; d F (she's seven).

2 • Chamo-me Daniel. Esta é a minha esposa, Paula e esta é o meu filho. Ele tem 19 anos. *(b)*
 ◆ Chamo-me Maria. Este é o meu filho e esta é a minha filha. *(a)*
 • Chamo-me Alexandra. Sou casada e tenho uma filha. Este é o meu esposo, Carlos. *(c)*

Page 28 Put it all together

1 *a* Luisa; *b* Manuel; *c* Carlos; *d* Pedro; *e* Ana.

2 59; 55; 23; 13; 15; 31; 39.

3 • Não, não tenho.
 ◆ Sim tenho. Tenho ..... filha(s) e ..... filho(s).
 • Tenho ..... irmã(s) e ..... irmão(s).

Page 29 Now you're talking!

1 • É casado?
 ◆ **Sim, sou casado.**
 • Tem filhos?
 ◆ **Tenho um filho. Chama-se David.**
 • Quantos anos tem?
 ◆ **Ele tem vinte e seis anos.**
 • É casado?
 ◆ **Sim, é casado.**
 • Tem filhos?
 ◆ **Não, não tem filhos. É casada?**
 • Sim, sou casada.
 ◆ **Tem filhos?**
 • Eu tenho uma filha. Ela chama-se Ana.
 ◆ **Quantos anos tem?**
 • Tem quinze anos.

2 • Como se chama ele?
 ◆ **Ele chama-se Pedro.**
 • Quantos anos tem?
 ◆ **Tem vinte e nove anos.**
 • É casado?
 ◆ **Não, não é casado. É solteiro.**

3 • Como se chama?
 ◆ **Chamo-me Isabel.**
 • Quantos anos tem?
 ◆ **Tenho quarenta e cinco anos.**
 • É casada?
 ◆ **Sim, sou casada.**
 • Tem filhos?
 ◆ **Sim, tenho uma filha. Chama-se Rita.**

Page 30 Quiz

1 Quantos anos tens?; *2* Esta é; *3* Este é o Doutor . . .; *4* Tenho ... anos; *5* She; *6* If you have children – Sim, tenho. If you don't – Não, não tenho; *7* advogado; *8* quinze, vinte e cinco, quarenta

Unit 4

Pages 32 & 33 Ordering a drink in a bar

2 • Faz favor?
 ◆ **Uma bica**, por favor.

3 • Uma cerveja, por favor.
  ◆ Uma limonada, faz favor.
  Natália – beer; Alberto – lemonade

4 • Faz favor! Um batido de chocolate, por favor.
  ◆ Um batido de morango.
  Paulo – chocolate flavour
  João – strawberry flavour

5 • Faz favor?
  ◆ Um Martini.
  • Uhm … Como se diz em português 'wine'?
  ◆ Vinho?
  • Ah sim, vinho. Vinho do Porto, faz favor.
  wine – vinho

6 • Obrigado.
  ◆ **De nada.**

7 • Um vinho da casa, por favor.
  ◆ Branco ou tinto?
  • Branco.
  ◆ E para o Senhor?
  • Branco, por favor.
  Both want white wine.

8 Uma bica, um galão e um copo de vinho tinto, por favor.

Page 34 Offering, accepting or refusing

2 • Que deseja?
  ◆ Um café com leite, por favor.
  • E o Senhor Pereira? Deseja um café?
  ◆ Não, obrigado.
  • Uma cerveja?
  ◆ Sim, por favor.
  No, he wants a beer.

3 • Que deseja, Carlos?
  ◆ Um galão, faz favor.
  • Luisa?
  ◆ Também um galão.
  • Para si, Fernando?
  ◆ Uma cerveja, por favor.
  • Faz favor!
  ◆ Dois **galões** e duas **cervejas**.
  dois – duas

Page 35 Paying for your drinks
(In informal spoken Portuguese, you'll often hear prices without the 'e' after euros.)

2 seis euros setenta e cinco; um euro cinquenta; cinco euros cinquenta.
  €6,75; €1,50; €5,50

3 • Quanto é?
  ◆ Quatro euros oitenta e sete.
  • Quanto é?
  ◆ Seis euros sessenta e cinco.
  €4,87; €6,65

Page 36 Put it all together

1 **Um** copo de vinho; **um** gelado; **um** leite de chocolate; **um** chá com leite; **uma** limonada; **um** batido de banana. **Dois** copos de vinho; **dois** gelados; **dois** leites de chocolate; **dois** chás com leite; **duas** limonadas; **dois** batidos de banana.

2 • Faz favor! Que deseja?
  ◆ Uma cerveja.
  • E para si?
  ◆ Um conhaque.
  • Quanto é?
  ◆ €2,25.

3 *a* cinquenta cêntimos; *b* um euro e quarenta; *c* um euro e quinze; *d* dois euros e vinte

Page 37 Now you're talking!

1 • Faz favor!
  ◆ **Maria, que deseja?**
  • Um galão, por favor.
  ◆ **Bernardo, e você, que deseja?**
  • Uma bica, por favor.
  ◆ **Bom dia! Um galão e duas bicas, por favor.**
  • **Quanto é?**
  ◆ Dois euros sessenta

2 • Deseja um café?
  ◆ **Sim, por favor. Uma meia de leite.**

3 • Que deseja?
  ◆ **Como se diz em português 'a black coffee'?**

4 ● **Que desejam?**
◆ Um copo de vinho branco.
● Um copo de vinho tinto, por favor.
◆ **Faz favor! Dois copos de vinho, um branco e um tinto, e uma cerveja, por favor.**
● **Obrigado/a.**
◆ **Tchim, tchim!**

Page 38 Quiz
1 por favor, faz favor; *2* to order;
3 Como se diz em português 'vanilla'?;
4 um sumo, uma cerveja, uma bica, um copo de vinho; *5* Tchim, tchim! *6* dois galões, duas águas, duas bicas; *7* Deseja um café? *8* cinco euros e oitenta, quatro euros e cinquenta e cinco, um euro e sessenta e sete, onze euros e noventa; *9* 'um garoto' is a small white coffee, 'uma meia de leite' is a large white coffee, 'um galão' is a white coffee in a glass

Ponto de controle 1
Pages 39–42
1 ● Bom dia. Eu sou a Paula de Oliveira.
◆ Chamo-me Arlete Cardoso. Este é o meu filho Carlos.
● Olá, Carlos.
◆ Olá.
● És estudante, Carlos?
◆ Sim, sou.
● Quantos anos tens?
◆ Quinze.
● A Dona Arlete é de Lisboa?
◆ Não. Eu sou de Braga.
● O que faz?
◆ Sou pintora. O meu esposo é professor de português e francês.
a portuguesa; *b* Braga; *c* pintora (painter); *d* casada (married); *e* um filho (a son); *f* quinze (15).

2 ● Olá!
◆ Olá! É inglesa?
● Não, não sou inglesa. Sou italiana. E você?

◆ Sou de Faro. Sou português.
● O que faz?
◆ Sou dentista.
● Eu sou recepcionista.
Rita – italiana, recepcionista;
Carlos: – português, dentista

3 ● Faz favor?
◆ Uma cerveja, por favor.
● E para si?
◆ Uma bica.
Rita – uma cerveja (beer); Carlos – uma bica (small black coffee)

4 ● Um copo de vinho tinto – oitenta e cinco cêntimos; um copo de leite – setenta cêntimos e um sumo de laranja natural – oitenta cêntimos.
red wine – €0.85; glass of milk – €0.70; orange juice – €0.80

5 bebidas: bicas, limonadas, galões, sumos de ananás
profissões: professores, estudantes, escritores, jornalistas

6 professora, estudante, escritora, jornalista

7 *a* um garoto; *b* um conhaque; *c* uma água; *d* um batido

8 *a* Chamo-me Renata. Sou alemã, de Hamburgo; *b* Tenho 15 anos; *c* Tenho dois irmãos, o Hanz de 17 anos e o Franz de 20 anos; *d* O meu pai é advogado; *e* A minha mãe é professora de inglês.

9 ● Bom dia. Eu sou **o** Pierre Larousse.
◆ Ilda Rosas. Muito prazer. **Esta** é a Teresa.
● **Muito prazer.**
◆ Eu **sou** de Lião em França. E você, **donde** é?
● Eu sou de Madrid. A Teresa **é** de Valência.

10 *a* baunilha; *b* solteiro; *c* alemão; *d* anos.

11 *a* É casado?; *b* Tudo bem?; *c* Para si?; *d* Sou inglês; *e* O que faz?

12 *a* Como se chama? *b* Donde é?
   c Quantos anos tem? *d* O que faz?
   e Tem telefone?

13 *a* falso; *b* verdadeiro; *c* falso;
   d falso; *e* verdadeiro; *f* verdadeiro

Unit 5

Pages 44 & 45 Asking where something is and asking for help with the answer

2 • Onde é a catedral?
  ◆ A catedral é aqui.
  • Onde é o mosteiro?
  ◆ O mosteiro é na rua Augusta.
  • Onde é o banco de Portugal?
  ◆ O banco é ali.
  • Onde é a estação?
  ◆ A estação é no centro da cidade.
  • É longe?
  ◆ Cinco minutos a pé.
  • E o jardim botânico?
  ◆ O jardim botânico é perto.
  a a catedral; b o mosteiro;
  c o banco; d a estação; e o jardim
  botânico

4 • Desculpe, **onde são** as lojas?
  ◆ As lojas? A **quinhentos** metros
    daqui.
  • **Pode repetir, por favor?**
  ◆ **A quinhentos metros daqui.** Dez
    minutos a pé.
  The shops are 500 metres away. Steve
  doesn't understand and asks the
  passer-by to repeat.

5 • Desculpe, onde é o banco?
  ◆ É ali, entre o museu e o hospital.
  • **Pode falar mais devagar, por**
    favor?
  ◆ Ali, entre **o museu** e **o hospital**.
  Steve doesn't understand and asks the
  passer-by to speak slowly.

6 • Faz favor, onde é o castelo?
    É longe?

  ◆ Não. É a um quilómetro daqui.
    É quinze minutos a pé.
  It's 1 kilometre away; 15 minutes' walk

7 Onde é o banco?
  Onde é a Rua Augusta?
  Onde são as ruínas?

Pages 46 & 47 Talking about where you live and work

2 • Onde mora, Maria?
  ◆ Moro em Faro, no **centro** de Faro,
    na rua do Alecrim.
  • E você, Isabel?
  ◆ Eu moro na Praia da Luz.
  • Eu moro no **campo**, a trinta
    quilómetros de Lagos.

3 Moro em Dublin; Moro no centro da
  cidade; Moro na rua King

5 • Maria, onde trabalhas?
  ◆ **Trabalho num banco** em Lisboa.
  • E tu, Paulo?
  ◆ Eu trabalho no centro de Cascais,
    num escritório.
  • E eu trabalho numa loja, em
    Lisboa. E tu, Carlos, onde
    trabalhas?
  ◆ Eu trabalho num banco, no centro
    de Coimbra.
  Maria in a bank; Paulo in an office;
  Isabel in a shop; Carlos also works in
  a bank.

Page 48 Put it all together

1 *a* **o** centro, **a** rua, **a** praça;
  b **o** escritório, **a** loja, **o** colégio;
  c **o** castelo, **a** estação, **o** museu;
  d **o** porto, **a** praia, **a** ilha

2 *a* Pode **falar** devagar?; *b* Pode
  repetir?; *c* Onde **é** o centro?
  d Onde **mora** o Fernando? *e* Onde
  são os restaurantes? *f* Não **trabalho**;
  g **Trabalhas** numa loja?

3 *a* Onde é a praia?; *b* Pode repetir,
  por favor?; *c* Onde mora?; *d* Onde
  trabalha?

4 *a* **em** Cascais; *b* na rua Augusta;
c no centro de Lisboa; *d* num
escritório

Page 49 Now you're talking!

1 ● Olá, bom dia.
   ◆ **Bom dia. Onde é a catedral?**
   ● A catedral é na rua de São Miguel.
   ◆ **Onde é a rua de São Miguel?**
   ● É aqui.
   ◆ **É longe?**
   ● Não. É a duzentos metros daqui.
   ◆ **Obrigado/a. Adeus.**

2 ● O Museu da Marinha.
   ◆ **Pode repetir, por favor?**
   ● O Museu da Marinha. É entre o
   mosteiro e o jardim botânico.
   Não é longe – a cinco minutos a pé.
   ◆ **Obrigado/a ... entre o mosteiro e
   o jardim botânico.**

3 ● Donde é?
   ◆ **Sou + o/a +** *your name and
   nationality*, **sou de +** *where you
   come from*.
   ● Onde mora?
   ◆ **Moro em/no/na +** *your home
   town*.
   ● O que faz?
   ◆ **Sou +** *what you do for a living*.
   ● Onde trabalha?
   ◆ **Trabalho num/numa +** *type of
   workplace*.

4 ● **Onde mora?**
   ◆ Moro no campo.
   ● **É longe?**
   ◆ Não é longe – a vinte quilómetros
   daqui.

Page 50 Quiz

1 Moro em Brighton e trabalho em
Londres; *2* Onde é o centro da cidade?
3 He doesn't work; *4* no; *5* Onde mora?
6 Pode repetir, por favor? *7* Ele trabalha
na Avenida da Liberdade.

Unit 6

Pages 52 & 53 Finding out what
there is in town and when it's open

2 *a* supermarket; *b* library; *c* museum;
d baker's; *e* post office; *f* swimming
pool; *g* language school; *h* chemist's

3 ● **A escola de línguas?** Há uma
   escola de línguas aqui na parte
   velha da cidade.
   ◆ É longe?
   ● Não. Quinze minutos a pé.
   ◆ Há **um museu** na cidade?
   ● Sim, há o Museu de Arte Antiga.
   ◆ Onde é?
   ● Aqui na parte velha da cidade.
   E aqui é **o teatro,** em frente do
   museu. Aqui, a cinco minutos do
   museu, há **um supermercado.**
   ◆ Há **uma piscina** na parte velha da
   cidade?
   ● Não, não há uma piscina na parte
   velha da cidade. (Há uma na parte
   nova).
   a Sim; b Sim; c Sim; d Não.

4 Há uma farmácia?; Há um correio?

6 ● A piscina está aberta **todos os
   dias**.
   ◆ E o museu?
   ● O museu está fechado aos
   sábados e aos **domingos**.
   ◆ Há um mercado todos os dias?
   ● Não. Há um mercado às **quintas-
   feiras**.

7 *a* O banco está aberto todos os dias?
   O supermercado está aberto todos
   os dias?
   b A padaria está aberta todos os
   dias?
   O supermercado está fechado aos
   domingos?

Pages 54 & 55 Making simple enquiries and understanding directions

2 ● Onde é a casa de banho?
  ◆ **Ali ao fundo, à direita.**

3 ● Desculpe, **há um telefone aqui perto**?
  ◆ Peço desculpa. Não sei.
  The passer-by doesn't know.

4 ● Desculpe, há um telefone aqui perto?
  ◆ **Sempre em frente**, depois à **direita**.

5 ● Há um banco aqui perto?
  ◆ Na primeira rua à direita, depois sempre em frente. É à esquerda a duzentos metros do Hotel Central.
  First street on the right then straight ahead. It's on the left, 200 metres from the Hotel Central.

7 ● Desculpe. Onde é o castelo?
  ◆ É na parte velha da cidade.
  ● É longe?
  ◆ É a trinta minutos a pé.
  ● Onde é a paragem do autocarro?
  ◆ É em frente da estação.
  The castle is in the old part of the city, a 30-minute walk. Opposite the station.

8 ● Olha, Isabel, o teatro é ali.
  ◆ Onde?
  ● Ali, em frente do parque.
  ◆ E o mosteiro? Onde é?
  ● É ali à esquerda.
  ◆ As lojas são ali no centro.
  ● Onde é a piscina?
  ◆ Em frente da praia.
  a falso (it's opposite the park);
  b verdadeiro; c verdadeiro.

Page 56 Put it all together

1 a *Not on Sundays;* b *on Wednesdays;* c *on Mondays;* d *Yes.*

2 a direita; b rua do Porto, direita; c em frente do; d ao fundo, esquerda.

Page 57 Now you're talking!

1 ● Bom dia.
  ◆ **Bom dia. Há um banco aqui perto?**
  ● Sim, há um em frente do café.
  ◆ **Há uma farmácia aqui perto?**
  ● Sim, a farmácia é aqui em frente.
  ◆ **Onde é a casa de banho?**
  ● É aqui ao fundo à direita.

2 ● **Há um Centro de Turismo na parte velha da cidade?**
  ◆ Sim, há um na segunda rua à esquerda.
  ● **Na segunda rua à esquerda. Obrigado/a.**

3 ● Faz favor, uma planta da cidade.
  ◆ **Obrigado/a. Onde é o museu?**
  ● Na primeira rua à esquerda.
  ◆ **Na primeira rua à esquerda. Está aberto hoje?**
  ● Sim, está aberto todos os dias.
  ◆ **Onde é o castelo?**
  ● Aqui é o castelo e aqui é a paragem do autocarro número 43.
  ◆ **É antes do museu?**
  ● Não, a paragem é depois do museu.
  ◆ **O castelo está aberto às segundas-feiras?**
  ● Não o castelo está fechado às segundas-feiras.

Page 58 Quiz
1 Há um café aqui perto?; *2* aberto; *3* Straight on, then the first on the left; *4* Tuesday; *5* Peço desculpa. Não sei; *6* rua; *7* Fridays; *8* Não trabalho aos domingos.

Unit 7

Page 60 Asking and understanding the price

2 ● Bom dia. Diga.
  ◆ Quanto **custa** a revista?
  ● **Dois euros cinquenta.**
  ◆ E quanto **custa** o jornal?
  ● **Setenta e cinco cêntimos.**

- ◆ Os postais quanto **custam**?
- ● **Cinquenta cêntimos** cada.
- ◆ Faz favor.
- ● Uma revista, um jornal e três postais, quatro euros e setenta e cinco cêntimos.

magazine – €2,50; newspaper – €0,75; postcards – €1,50; total – €4,75

3 ● Diga.
- ◆ **Quanto custam os selos** para a União Europeia?
- ● Cinquenta e cinco cêntimos.
- ◆ Três selos, por favor.
- ● Faz favor.
- ◆ Tem um cartão telefónico?
- ● Sim. De cinquenta impulsos ou de cem impulsos?
- ◆ De cinquenta impulsos. **Quanto custa?**
- ● Três euros.
- ◆ Quanto custa tudo?
- ● Três selos para a União Europeia são um euro e sessenta e cinco, e o cartão quatro euros e sessenta e cinco.

Total cost – €4,65

4 Quanto custam quatro selos? Quanto custa uma revista? Quanto custam dois postais?

Page 61 Describing and commenting

2 ● Eu queria **um livro**.
- ◆ Há livros ali.
- ● Quanto custa este livro?
- ◆ Trinta e um euros e quarenta e três cêntimos.
- ● Ah, é demasiado caro!
- ◆ Olha, Isabel, **um saco de desporto**!
- ● É demasiado grande, Carlos. Eu queria **uma T-shirt**.
- ◆ Há T-shirts aqui.
- ● Uhm, esta é demasiado pequena.
- ◆ E esta?
- ● Esta sim, levo a T-shirt.

3 ● *É demasiado grande – It's too big; Levo a T-shirt.*

4 ● A revista é cara. O livro é demasiado caro. A T-shirt é demasiado pequena. É demasiado grande!

Pages 62 & 63 Buying food in a shop or market

1 ● um quilo de açúcar, meio quilo de queijo, trezentos gramas de fiambre, meio litro de azeite, uma garrafa de água mineral, uma garrafa de vinho tinto e dois pães de forma.

She forgets to write 'meio litro de azeite'.

3 ● Dê-me **meio quilo** de café, por favor.
- ◆ Também queria **duas latas** de tomates.

4 ● Bom dia, senhora. Diga.
- ◆ Queria seis bananas e quatro pêssegos.
- ● Faz favor. Mais alguma coisa?
- ◆ Sim. Dê-me meio quilo de morangos. Ah, e um quilo de maçãs. Quanto custa tudo?
- ● Quatro euros setenta e três.

Bananas, peaches, strawberries and apples.

5 ● Senhora, diga.
- ◆ Quatro quilos de batatas, por favor.
- ● É só?
- ◆ Dê-me dois quilos de cebolas e um quilo de tomates.
- ● Mais alguma coisa?
- ◆ Não. É só.

batatas – quatro quilos; cebolas – dois quilos; tomates – um quilo.

6 ● Quanto custa o **bacalhau**?
- ◆ Dez euros o quilo.
- ● Ah, é demasiado caro! **Dê-me oito sardinhas,** faz favor.

She asks about the cod but buys sardines, which are cheaper.

7 *a* Quanto custa o jornal? Quanto custa a garrafa de vinho? Quanto custam os morangos?
b meio quilo de fiambre; duzentos e cinquenta gramas de queijo; uma lata de tomates

Page 64 Put it all together

1 *a* Do you have?; *b* That's all; *c* It's too expensive; *d* Give me; *e* How much is it? *f* Anything else? *g* How much are they?

2 Banca da fruta: maçãs, morangos, pêssegos
Banca do peixe: sardinhas, bacalhau, peixe espada
Tabacaria: selos, postais, jornal
Supermercado: queijo, fiambre, açúcar

3 um quilo de batatas, quatrocentos gramas de fiambre, três quilos de cebolas, meio quilo de queijo, uma garrafa de vinho branco

4 *a* €0,59; *b* €9,47; *c* €1,78; *d* Onze euros e oitenta e quatro cêntimos (€11,84).

Page 65 Now you're talking!

1 • Bom dia. Diga.
 ◆ **Doze garrafas de vinho branco e seis garrafas de vinho tinto, por favor.**
 • Mais alguma coisa?
 ◆ **Três garrafas de água mineral.**
 • É só?
 ◆ **Doze garrafas de cerveja.**
 • Cerveja Sagres?
 ◆ **Sim. Quanto é tudo?**

2 ◆ **Tem fiambre?**
 ◆ Sim, quanto?
 • **Trezentos gramas.**
 ◆ Aqui está. Mais alguma coisa?
 • **Meio quilo de queijo.**
 ◆ É só?
 • **É só. Quanto é tudo?**

 • **Quanto custa um selo para a América?**
 ◆ Setenta cêntimos.
 • **Três selos e três postais.**
 ◆ Três postais …
 • **Quanto é tudo?**
 ◆ Três euros e dez.

Page 66 Quiz

1 Quanto custam as bananas? Quanto custa o gelado? Quanto custam os selos? Quanto custa o jornal? 2 Quanto custa um selo? 3 É demasiado cara; 4 a kilo of peaches; 5 vegetables; 6 fish; 7 Queria três garrafas de água mineral; 8 demasiado

Ponto de controle 2
Pages 67–70

1 • Desculpe, senhora. Onde é o clube de desporto?
 ◆ É no centro da cidade.
 • É longe?
 ◆ Dez minutos a pé. É sempre em frente depois na segunda rua à esquerda.
 • Obrigado.
 a In the city centre; b 10-minute walk; c Straight on then the second street on the left.

2 • No clube há uma sauna, um ginásio, um café e uma loja. Perto do clube há um campo de ténis.
 ◆ Há uma piscina aqui perto?
 • Não, não há. A piscina é nos arredores da cidade. É a meia hora de autocarro. O clube está aberto todos os dias. Aos domingos está aberto só de manhã.
 a sauna, gym, café, shop, tennis court.
 b open every day; Sundays mornings only

3 • Quanto pesa?
 ◆ Peso setenta e três quilos. E você?
 • Sessenta e dois e meio. E tenho um metro e cinquenta e cinco de altura.

- ✦ Eu tenho um metro e setenta de altura.
- ● Uhm … quantos anos tem? Vinte e sete?
- ✦ Sim. Você também tem vinte e sete anos?
- ● Sim. Uhm … morada – Rua Almirante Reis, número vinte e três. Telefone – oito, dois, dois, um, nove, cinco, quatro.

Tel: 822 1954; address: Rua Almirante Reis, 23; age: 27; height: 1m 55cm; weight: 62.5 kilos

4 ● Bom dia. Diga.
- ✦ Tem um fato de treino?
- ● Sim. Faz favor.
- ✦ É bonito, Maria. Quanto custa?
- ● Cinquenta e três euros.
- ✦ É muito caro! E as T-shirts?
- ● Quinze euros cada.
- ✦ Levo uma T-shirt. E tem calções … tamanho médio?
- ● Sim. Faz favor.
- ✦ Levo os calções e a T-shirt.
- ● A T-shirt também é tamanho médio?
- ✦ Sim, por favor.
- ● Eu levo duas T-shirts tamanho pequeno. Olha, Steve, sapatos de treino baratos! Olha há o número 37!

They buy T-shirts, shorts and trainers.

5 *a* €53; *b* é muito caro (very expensive); *c* €15; *d* tamanho médio (medium); *e* Carlos – uma T-shirt e calções; Maria – duas T-shirts e sapatos de treino.

6 ● Quanto é tudo?
- ✦ Quarenta e dois euros. (€42)

7 três tomates grandes, cinco maçãs, quatro quilos de batatas, um quilo de bacalhau, meio quilo de cogumelos

8 *a* vinho tinto; *b* água mineral; *c* café descafeinado; *d* leite com chocolate; *e* sumo natural

9 ● Quanto **custa** o livro?
- ✦ €22,50.
- ● Quanto **custam** os postais?
- ✦ €1,25 **cada**.
- ● **Tem** selos?
- ✦ Não. O correio é **na** primeira rua à **direita**.
- ● Quanto custa **tudo**?
- ✦ **O** livro, **o** jornal, cinco postais e **a** revista: €32,30.

10 *a* Onde mora? *b* Há um banco aqui perto? *c* Onde é o Centro de Turismo? *d* É longe? *e* Onde trabalha?

11 *a C; b A ; c B*

Unit 8

Page 72 Checking in at a hotel

2 *first guest*
- ● Bom dia.
- ✦ Sou o Pedro Lopes. Reservei um quarto com duas camas.
- ● Ah, sim. Um quarto com duas camas e com duche. É o quarto número vinte e três no segundo piso.

second guest
- ● Boa noite. Reservei um quarto de casal.
- ✦ O seu nome?
- ● Ana Fortes.
- ✦ Sim, é o quarto número três no rés do chão. Um quarto de casal com banho.

third guest
- ● Bom dia.
- ✦ Bom dia. Diga.
- ● Reservei um quarto de casal com duche.
- ✦ O seu nome?
- ● Amilcar Abreu.
- ✦ É no primeiro piso. É o quarto número quinze. Faz favor, a chave.
- ● Obrigado.
- ✦ O seu passaporte?
- ● Faz favor. Tem elevador?

- Sim, ali ao fundo.

Sr Lopes – twin-bedded, shower, room 23, second floor; Sra Fortes – double, bath, room 3, ground floor; Sr Abreu – double, shower, room 15, first floor.

3 • Ali ao fundo. – Over there at the end.

Page 73 Finding a hotel room

2 • Faz favor.
- Tem dois quartos para esta noite?
- Simples ou de casal?
- Simples.
- Sim, no terceiro piso. O quarto número trinta e quatro e o trinta e seis. Só para uma noite?
- Sim, só esta noite.

two single rooms; one night; rooms 34 and 36

4 • A Senhora como se chama?
- Maria González.
- Como se escreve González?
- **GONZÁLEZ**.
- E o Senhor?
- Pedro Martim. **MARTIM**.

5 • O hotel como se chama?
- Hotel Vilamoura.
- Como se escreve Vilamoura?
- **VILAMOURA**. E há a Pousada Dom Vasco.
- Como se escreve Dom Vasco?
- Dom é **DOM**. Vasco é **VASCO**.

6 Tem um quarto de casal com duche? Tem um quarto simples com banho?

Page 74 Booking ahead by phone

2 *a first caller*
- Estou.
- Hotel Central, boa noite.
- Queria um quarto para duas noites.
- Para quando?
- Para um de fevereiro.
- Um momento, por favor

b second caller

- Hotel Central. Boa noite.
- Queria um quarto para duas semanas.
- Para quando?
- Dia um de julho?
- Um de julho está bem. Para uma pessoa?
- Sim.

c third caller
- Estou.
- Hotel Central, bom dia.
- Queria um quarto com duas camas para agosto, dia cinco.
- Dia cinco de agosto … um momento. Para quantas noites?
- Sete noites.

a 1 February; b 1–13 July; c 5 August

Page 75 Making requests

2 *first guest*
- Desculpe, podemos telefonar daqui?
- Não, peço desculpa. O telefone não trabalha.

second guest
- Posso nadar na piscina?
- Sim. A piscina está aberta.

third guest
- Posso comprar selos aqui?
- Sim aqui na loja ao lado.

fourth guest
- Podemos estacionar aqui?
- Sim.

Não; Sim; Sim; Sim.

3 • Onde podemos estacionar?
- O parque de estacionamento é ali à direita.

In the car park, over there on the right.

Page 76 Put it all together

1 *a* Do you have?; *b* I've booked; *c* I'd like; *d* Can I?

2 Lisboa, 13 de agosto de 2003
Sr Gerente,
Queria reservar *(a)* **um quarto de**

casal *(b)* com banho *(c)* para três
noites, de *(d)* vinte e três a
(e) vinte e cinco de setembro
(f) em nome de ...

3 *a Não; b Sim; c Não; d Sim.*

Page 77 Now you're talking!

1 ● Bom dia. Faz favor.
 ◆ **Tem um quarto?**
 ● Para uma pessoa?
 ◆ **Sim, para três noites.**
 ● Sim, há um quarto no terceiro piso.
 ◆ **Quanto é?**
 ● €50 por noite. O seu nome?
 ◆ **Chamo-me Lionel Brett.**
 ● Como se escreve Brett?
 ◆ **BRETT.**

2 ◆ **Estou.**
 ◆ Hotel Central. Boa tarde.
 ● **Boa tarde. Tem um quarto para
 uma semana?**
 ◆ Simples ou de casal?
 ● **De casal.**
 ◆ O seu nome?
 ● **Chamo-me Maria Bustamante.**
 ◆ Como se escreve Bustamante?
 ● **BUSTAMANTE.**

3 ● Faz favor.
 ◆ **Reservei um quarto simples para
 duas noites.**
 ● O seu nome?
 ◆ *Say your name and spell it.*
 ● Com duche ou com banho?
 ◆ **Com banho. Posso estacionar
 perto do hotel?**
 ● Sim, ali ao fundo há um parque de
 estacionamento.

Page 78 Quiz

1 estou; *2* Para o dia vinte e um de abril;
3 a key; *4* No parking; *5* julho; *6* posso
(I can), podemos (we can); *7* ground
floor; *8* twin-bedded room; *9* três de
maio.

Unit 9

**Pages 80 & 81 Asking if there is a bus
or coach and checking train times**

2 ● Há uma camioneta para
 Vilamoura?
 ◆ Há, sim. Para Vilamoura parte às
 dez horas.
 ● Há uma camioneta para Lagos?
 ◆ Há, sim. Às treze horas.
 ● Há uma camioneta para Braga?
 ◆ Há, sim. A camioneta para Braga
 parte às quinze horas.
 ● Há um autocarro para o
 aeroporto?
 ◆ Sim, às doze horas.
 *Vilamoura – leaves at 10.00; Braga
 – leaves at 15.00; Lagos – leaves at
 13.00; airport – leaves at 12.00*

3 ● **Há uma camioneta para Viana do
 Castelo?**
 ◆ Há uma às nove horas.
 ● **A camioneta para Faro quando
 parte?**
 ◆ Às duas horas da tarde.

4 Há uma camioneta para o Porto?
 Há um autocarro para a estação?

6 ● A que horas parte o próximo
 comboio para Faro?
 ◆ Para Faro? Às sete e quarenta e
 cinco.
 ● A que horas chega a Faro?
 ◆ Às dez e quinze.
 ● A que horas chega o comboio de
 Lagos?
 ◆ Às nove e trinta.
 ● Há um comboio para Viseu?
 ◆ Sim, o próximo comboio é às sete
 e trinta e cinco.
 ● A que horas chega a Viseu?
 ◆ Às nove e quarenta.
 ● A que horas chega o próximo
 comboio de Braga?
 ◆ Às dez horas.

*Faro: leaves at 7.45 and arrives at
10.15; Lagos: arrives at 9.30; Viseu:
leaves at 7.35 and arrives at 9.40;
Braga: arrives at 10.00*

7 A que horas parte o próximo
comboio para Faro? A que horas
chega a Faro? A que horas chega o
comboio de Lisboa?

**Pages 82 & 83 Buying tickets and
checking travel details**

2 *Faro*
- Queria um bilhete de primeira
classe para Faro, por favor.
- De ida e volta?
- Não, só de ida. De que linha parte
o comboio?
- Da linha dois.
Braga
- Diga, por favor.
- Um bilhete de ida e volta para
Braga.
- De primeira classe?
- Não, de segunda classe.
- Faz favor.
- De que linha parte?
- Da linha um.
Coimbra
- Queria um bilhete de ida e volta
para Coimbra.
- Um bilhete de ida e volta, faz
favor.
- A que horas parte?
- Às dez e trinta.
- A que horas chega?
- Às onze e quarenta e cinco.
Lagos
- Faz favor, diga.
- Um bilhete de ida e volta para
Lagos para o intercidades.
- Ida e volta para o intercidades.
Oporto
- A senhora faz favor.
- Queria um bilhete de segunda
classe para o Porto.
- Para o intercidades?

- Sim, por favor. Só de ida.
- O comboio parte da linha cinco.
- Obrigada.
*Faro – single; Braga – second class,
return; Coimbra – return; Lagos –
return, intercity; Oporto – second
class, single, intercity*

3 *a* Braga – platform 1, Oporto – 5,
Faro – 2; *b* at 10.30; *c* at 11.45

4 Um bilhete de ida e volta para Lagos;
Um bilhete de primeira classe para
Coimbra, só de ida; Um bilhete de
ida e volta para o intercidades para
o Porto.

6 - Há comboio para Braga amanhã,
feriado?
- Há sim.
- É direto?
- Não é não. A senhora **tem de**
mudar no Porto.
- **Tenho de** reservar lugar?
- Sim e **tem de** reservar hoje.

7 *first traveller*
- Há um comboio para Viana do
Castelo?
- Há sim, mas o senhor tem de
mudar no Porto.
- Tenho de reservar lugar?
- Não.
- De que linha parte o comboio?
- O comboio parte da linha quatro.
second traveller
- Há uma camioneta para
Vilamoura?
- Sim, há uma às onze e quinze.
- A que horas parte?
- Às onze e quinze.
- Desculpe, não compreendo.
- Às onze e quinze.
- Um bilhete só de ida, por favor.
*a verdadeiro; b verdadeiro;
c verdadeiro; d falso; e verdadeiro;
f falso; g falso*

Page 84 Put it all together

1 *a* volta; *b* tenho de; *c* para; *d* parte;
às nove; *e* há; *f* horas; chega

2 *a* à uma hora; *b* às sete e vinte e
cinco; *c* às dez horas; *d* às treze horas;
e às dezaseis e quinze; *f* às vinte e
duas e trinta

3 1 – e; 2 – b; 3 – f; 4 – a; 5 – c; 6 – d

Page 85 Now you're talking!

1 • **Um bilhete para Braga, por
favor.**
   ◆ Só de ida ou de ida e volta?
   • **Só de ida. Quanto é?**
   ◆ De primeira ou segunda classe?
   • **De primeira classe.**
   • Primeira classe para Braga … Dex
euros e cinquenta.
   • **A que horas parte?**
   ◆ O comboio parte às três horas.
   • **De que linha?**
   ◆ Da linha dois.

2 • Diga.
   ◆ **Há uma camioneta para Viana do
Castelo?**
   • Sim, há uma de meia em meia hora.
   ◆ **Tenho de reservar lugar?**
   • Não, não tem de reservar lugar.
   ◆ **Quanto custa?**
   • €9.
   ◆ **A que horas chega a Viana do
Castelo?**
   • Chega a Viana do Castelo às onze
e quarenta e cinco.
   ◆ **Um bilhete de ida e volta,
por favor.**

3 • **Há um comboio direto para
Coimbra**?
   ◆ Não, não há.
   • Onde tenho de mudar?
   ◆ Tem de mudar no Porto.
   • **Quanto custa um bilhete de ida
e volta?**
   ◆ €17,80.
   • Queria um bilhete.

Page 86 Quiz

1 bilhete; 2 if there is a bus to the
station; 3 arrivals; 4 Um bilhete para
Lisboa; 5 Parte às cinco e trinta;
6 I don't understand; 7 tenho de;
8 tomorrow; 9 at 22.49

Unit 10

**Page 90 Asking about items on the
menu**

2 • Uma mesa para três pessoas.
   ◆ Com certeza. Faz favor, a ementa.
   • Que recomenda?
   ◆ **Os carapaus com molho à
espanhola, o bacalhau à Zé
do Pipo e a carne de porco
à alentejana ou as febras
grelhadas.**
   • O que é **a sopa** do dia?
   ◆ Sopa de cenoura. Também há o
prato do dia.

3 • **O que é o prato do dia?**
   ◆ **Espetada de lulas.**

4 • Como é o bacalhau à Zé do Pipo?
   ◆ É bacalhau no forno com puré de
batata e maionese e servido com
salada mista.
   *Baked cod with mashed potatoes and
mayonnaise, and served with a mixed
salad.*

5 • **Como é a carne de porco à
alentejana?**
   ◆ É carne de porco com ameijoas,
cebola e tomates.
   missing ingredient – cebola (onion)

Page 91 Ordering a meal

2 • Estão prontos a pedir?
   ◆ Para mim os camarões.
   • Um caldo verde.
   ◆ Melão com presunto.
   *Carlos – shrimps, Maria – cabbage
soup, Steve – melon with smoked ham*

3 • O senhor o que **vai** comer?
  ◆ Vou comer o prato **do dia**.
  • Para **mim** as febras grelhadas.
  ◆ **Que** recomenda?

4 • Para beber?
  ◆ Uma garrafa de cerveja Super Bock.
  • Um sumo de laranja natural.
  ◆ Um copo de vinho branco e uma garrafa de água com gás.
  A bottle of Super Bock beer, a fruit juice, a glass of white wine and a bottle of sparkling mineral water.

5 Eu vou comer a sopa do dia, a salada mista, as sardinhas grelhadas.

Page 92 Saying what you like and don't like

2 • O que tem de sobremesa?
  ◆ **Há arroz doce, pudim flan, Baba de camelo, fruta da época, gelados e bolo de mel.**

3 • **Eu não gosto de pudim flan. E tu Maria?**
  ◆ Eu, Carlo, eu gosto. E tu Steve?
  • **Eu gosto de arroz doce.**
  ◆ E gostas de Baba de camelo?
  • Sim, gosto.
  ◆ Eu também gosto. E tu?
  • Eu gosto muito.
  Yes, they all like it.

4 Gosto de arroz doce; Não gosto de arroz doce.

Page 93 Paying compliments

2 • A sopa é **boa**!
  ◆ O peixe **é muito bom**!
  • As febras de porco **são ótimas**!
  ◆ Os carapaus **são muito bons**!

3 • Está tudo bem?
  ◆ A Baba de camelo é muito doce!
  • O pudim é delicioso!
  ◆ O arroz doce é muito bom.

4 A sopa é muito boa.

Page 94 Put it all together

1 *a* A carne é ótima; *b* As sardinhas são muito boas; *c* O bolo é delicioso; *d* Os bifes são bons.

2 Entradas e sopas: caldo verde, melão com presunto, paté de pato
  Peixes e carnes: frango no churrasco, bacalhau cozido, lulas fritas

3 *a* Sim, gosto; *b* A carne de porco, por favor; *c* Sim, está; *d* Hoje o bife é bom.

4 *c, b, f, d, e, a*

Page 95 Now you're talking!

1 • Uma mesa para uma pessoa?
  ◆ **Sim.**
  • Está pronto a pedir?
  ◆ **Queria os camarões, depois o frango no churrasco com uma salada de tomate.**
  • Para beber?
  ◆ **Uma garrafa de vinho da casa.**
  • Branco ou tinto?
  ◆ **Tinto.**

2 • Está tudo bem?
  ◆ **Sim, o vinho é ótimo e o frango é delicioso.**
  • Deseja sobremesa?
  ◆ **Vou comer o pudim flan.**
  • Café?
  ◆ **Não.**

3 • Estão prontos a pedir?
  ◆ **Que recomenda?**
  • A carne de porco à alentejana é muito boa.
  ◆ **A carne de porco à alentejana e um bife da casa.**
  • E para beber?
  ◆ **Duas cervejas.**

Page 96 Quiz

1 What do you recommend? 2 Gosto; 3 half a portion of seafood with rice; 4 Vou comer o bacalhau; 5 puré de batata; 6 Os camarões são bons; 7 food; 8 Não gosto de carne.

Ponto de controle 3

Pages 97–100

1 *c* Reservei um quarto simples com duche para duas noites.

2 ● O seu nome? … Ah, sim. Um quarto simples com duche para duas noites.
   ● O seu passaporte, por favor …
   ● Obrigada. É o quarto número trinta e três no terceiro piso.
   a your name; b your passport number; c room 33 on the third floor

3 *a* Posso telefonar? *b* Há uma tabacaria aqui perto? *c* O Centro de Turismo está aberto aos domingos? *d* Há uma camioneta para Évora?

4 *1b; 2a; 3d; 4c*

5 ● O número é o dois, quatro, seis, sete, sete, nove, um.
   The number is 246 7791.

6 ● Em Évora há **o Museu de Arte Moderna e o Templo de Diana. A parte velha da cidade** também é muito bonita.

7 a Quando parte a próxima camioneta para Évora?
   b Quanto custa um bilhete de ida e volta?
   ● A próxima camioneta para Évora parte às onze e vinte. Chega às treze e trinta e cinco. É direta. Não tem de mudar. O bilhete de ida e volta custa dezassete euros e doze.
   c It leaves at 11.20 and arrives at 13.05. Return ticket costs €17,12.

8 ● **Há um restaurante aqui perto?**
   ◆ Há sim. Há um na Praça do Comércio. É ao fundo à direita.
   There's one in Praça do Comércio, at the end on the right.

9 *a* Queria a sopa, depois as sardinhas grelhadas e uma salada mista.
   b Meia garrafa de vinho branco e água mineral.
   c Vou comer o bolo de chocolate.

10 *a* Uma cerveja e um copo de vinho tinto.
   b Quanto é?
   c Donde é ela?
   d O que faz?
   e Quantos anos tem?
   suggested answers
   ● **Moro em Brighton.**
   ◆ **Sou inglês/inglesa.**
   ● **Sou advogado/a.**
   ◆ **Sim, sou casado/a.**
   ● **Sim, tenho un filho.**
   ◆ **Não, não tenho irmãos.**
   ● **Sim, faz favor.**
   ◆ **Sim, gosto.**

11 ● Segunda-feira vou a Lisboa. Vou falar com o gerente do Banco de Portugal. Terça, quarta e quinta-feira vou a Londres, sexta-feira e sábado vou ao Porto, a um mercado de vinhos.
   Mon: Lisbon; Tues–Thurs: London; Fri–Sat: Oporto

12 *a* 5-minute walk; *b* garden, swimming pool and restaurant; *c* no; *d* per room; *e* yes; *f* a state-owned pousada

grammar

Grammar explains how a language works. When you're learning a new language it really helps to learn some basic rules, which are easier to follow if you understand these essential grammatical terms.

Nouns are the words for living beings, things, places and abstract concepts: *daughter*, *teacher*, *Susan*, *cat*, *car*, *village*, *Lisbon*, *measles*, *freedom*.

Articles are **definite**: <u>the</u> house, <u>the</u> houses, or **indefinite**: <u>a</u> house, <u>an</u> area, <u>some</u> houses.

Gender: in Portuguese every noun is either masculine (m) or feminine (f). This is its gender, and you need to know a noun's gender because words used with it, such as articles and adjectives, have corresponding masculine and feminine forms.

Singular means one; **Plural** means more than one.

Pronouns are words that can replace nouns, usually to avoid having to repeat them. The most commonly-used pronouns are **personal pronouns**, e.g. *you, she, him, we, it, they, them*.

Subjects carry out the action of a verb; they can be nouns or pronouns, e.g. <u>she</u> sings; <u>the house</u> fell down. **Objects** receive the action of a verb; object pronouns include *me, him, her, us, them,* e.g. Peter heard <u>them</u>.

Adjectives are words that describe nouns and pronouns: <u>good</u> idea; <u>strong red</u> wine; <u>my</u> fault; she's <u>tall</u>; it was <u>strange</u>. In Portuguese, unlike English, their ending varies according to what they're describing.

Agreement: when a Portuguese article or adjective is used with a noun, it has to agree with, i.e. match, that noun in terms of whether it's masculine or feminine, singular or plural.

The **endings** of words are the final letter(s). In English, a verb ending in **-ed** usually tells you it happened in the past. Endings are much more widespread in Portuguese: nouns, adjectives and verbs rely on endings to convey essential information.

Prepositions are expressions of place, time and location, e.g. *on top of, behind, after, until, inside*.

Verbs relate to doing and being, and are easy to recognise in English because you can put *to* in front of them: *to live, to be, to speak, to explore, to think, to have, to need*. This is the

Infinitive of the verb, the form you find in the dictionary. Portuguese infinitives are identified by their ending, which is **-ar**, **-er** or **-ir**.

Regular verbs follow a predictable pattern, e.g. *I work, I worked, I have worked*; **irregular** verbs are unpredictable, e.g. *I eat, I ate, I have eaten*, and so have to be learnt individually.

nouns

Nouns in Portuguese (denoting beings, things, places, etc.) are either masculine (m) or feminine (f): **o homem** *man*, **a mãe** *mother*, **o colega** *male colleague*, **a colega** *female colleague*; there are no means of telling the gender of other nouns from their meaning: *coffee*, or *café*, is **o café** (m), while *key* is **a chave** (f). However, some endings are an indication of gender – although there are plenty of exceptions.

Some nouns are of both genders and masculine or feminine is marked by the appropriate word for *the* (known as the article): **o/a estudante** *student*, **o/a jovem** *youngster*, etc.

There are also some nouns that are used for both genders: **a testemunha** *witness*, **a criança** *child*, etc.

some typical masculine endings

-o	**o banco** *bank*
-u	**o museu** *museum*
-me	**o nome** *name*
-l	**o papel** *paper*
-r	**o colar** *necklace*

some typical feminine endings

-a	**a cerveja** *beer*
-ção, -são	**a situação** *situation*, **a decisão** *decision*
-stão, -gião	**a congestão** *congestion*, **a região** *region*
-dade, -tude	**a cidade** *city*, **a juventude** *youth*
-ie	**a série** *series*
-ice	**a velhice** *old age*
-gem	**a viagem** *journey*

Notable exceptions to the above include: **o chá** *tea*, **o dia** *day*, **a fome** *hunger*, **a foto** *photo*, **o mapa** *map*. There are many, many more!

When you come across a new noun, make a point of learning it with its definite article: **o** (m) or **a** (f). This will help you focus on gender.

Most of the time you'll be understood if you use a wrong gender but a few nouns have different meanings depending on whether they're masculine or feminine, e.g. **o rádio** *radio* (the set), **a rádio** *radio* (the medium).

plural nouns

In the plural, nouns that end in …

- a vowel add -s: **olho** *eye*, **olhos** *eyes*; **cabeça** *head*, **cabeças** *heads*; **dente** *tooth*, **dentes** *teeth*;
- a consonant add -es: **professor** *teacher* (m), **professores** *teachers*; **luz** *light*, **luzes** *lights*;
- -m become ns: **jardim** *garden*, **jardins** *gardens*;
- -al/-el/-ol/ change the -l to -is; in some cases an accent is added: **jornal** *newspaper*, **jornais** *newspapers*; **hotel** *hotel*, **hotéis** *hotels*; **lençol** *sheet*, **lençóis** *sheets*;
- -ão become either -ões/-ães, or -ãos: **estação** *station*, **estações** *stations*; **cão** *dog*, **cães** *dogs*; **mão** *hand*, **mãos** *hands*. These you simply have to learn as you go along, although the -ões ending is by far the most common.

articles

In Portuguese, the words for *the, a* and *some* depend on whether the noun with the article is masculine or feminine, singular or plural.

	the singular	*the* plural	*a/an*	*some*
m	o sumo	os sumos	um sumo	uns sumos
f	a cerveja	as cervejas	uma cerveja	umas cervejas

*The (**o/a**) combines with* **a** *to;* **de** *of, from;* **em** *in, on*:

		singular	plural
a	m	a + o = **ao**	a + os = **aos**
	f	a + a = **à**	a + as = **às**
de	m	de + o = **do**	de + os = **dos**
	f	de + a = **da**	de + as = **das**
em	m	em + o = **no**	em + os = **nos**
	f	em + a = **na**	em + as = **nas**

Vamos ao banco esta tarde. *We're going to the bank this afternoon.*
O vinho da casa é muito bom. *The house wine (wine of the house) is very good.*
Ela mora no centro da cidade. *She lives in the centre of the city/town.*

Indefinite articles (**um/uma** etc.) combine with **de**, becoming **dum**, **duma**, etc, and with **em**, becoming **num**, **numa**, etc, although you will also see them written as separate words.

Uns/umas *some* are used with plural nouns, and are often included in Portuguese even when they're omitted in English: **Queria uns tomates, uns cogumelos e umas cebolas** *I'd like some tomatoes, mushrooms and onions*. You will also hear **alguns/algumas,** which also mean *some,* and sometimes the Portuguese simply omit *some*: **Queria algumas laranjas** *I would like some oranges*; **Queria bananas** *I would like (some) bananas*.

Portuguese doesn't use the indefinite article *a/an*:

- with nouns denoting occupation, rank or religion: **É médico/É médica;** *He/She's a doctor*; **Ele é capitão** *He's a captain*; **Sou católico/a** *I'm a Catholic*.
- after **que** *what* in exclamations: **Que praia bonita!** *What a beautiful beach!*
- after expressions such as: **meio** *half (a)*, **cem** *(a) hundred*, **mil** *(a) thousand*: **meia garrafa de vinho** *half a bottle of wine*; **Custa cem euros** *It costs a hundred euros*; **Tenho mil libras** *I have a thousand pounds*.

Portuguese uses the definite article *the* more than English, most noticeably in generalisations: **As crianças são o futuro** *Children are the future*; and in place of the possessive words when talking about parts of the body and clothing: **Ela partiu a perna** *She broke her (the) leg*; **Vou limpar as botas** *I'm going to clean my (the) boots*.

It's also used before:

- titles, first names, and in some polite forms of address: **A doutora Silva é simpática** *Dr Silva is pleasant*; **O José gosta de jogar futebol** *José likes playing football*; **Como está a senhora?** *How are you (madam)?*;
- institutions: **na cidade** *in town*; **ao hospital** *to (the) hospital*;
- units of measurement, whereas English uses *a/an*: **Custa 10 euros o quilo** *It costs 10 euros a kilo*;
- languages, except after **falar** *to speak,* **aprender** *to learn* and **saber** *to know*: **O chinês é uma língua interessante** *Chinese is an interesting language*; **Eu não falo alemão** *I don't speak German*.

G4 adjectives

In Portuguese, an adjective agrees with the noun it modifies according to whether that noun is masculine or feminine, singular or plural. The rules for changing the endings of adjectives generally follow those for changing nouns, especially in the plural.

Adjectives ending in **-e** in the dictionary have two possible endings:

	Singular	plural
m	o vinho doc**e**	os vinhos doc**es**
f	a bebida doc**e**	as bebidas doc**es**

Adjectives ending in **-o** have four possible endings:

m	o vinho italian**o**	os vinhos italian**os**
f	a cerveja italian**a**	as cervejas italian**os**

Many adjectives ending in a consonant have the same endings in the masculine and feminine:

m	um senhor jovem	uns senhores jovens
	um carro azul	uns carros azuis
f	uma senhora jovem	umas senhoras jovens
	uma blusa azul	umas blusas azuis

Other adjectives, including some common adjectives of nationality, follow other patterns:

m	um carro inglês	uns carros ingleses
	um jornal espanhol	uns jornais espanhóis
	um vinho alemão	uns vinhos alemães
f	uma casa inglesa	umas casas inglesas
	uma senhora espanhola	umas senhoras espanholas
	uma cerveja alemã	umas cervejas alemãs

A Portuguese adjective generally follows its noun when the two are together: **a música clássica; um senhor italiano; vinho verde; uma sopa deliciosa**.

Some adjectives tend to be used more frequently before the noun, such as: **bom** *good*, **mau** *bad*, **único** *only*, **próximo** *next*, **último** *last*: **um bom vinho** *a good wine*; **mau tempo** *bad weather*; **a única solução** *the only solution*; **o próximo comboio** *the next train*; **a última pessoa** *the last person*.

The adjectives *good* and *bad* are irregular:

bom	**boa**	**bons**	**boas**
mau	**má**	**maus**	**má**

Because of the different position of adjectives, Portuguese abbreviations can be the opposite of their English counterparts, e.g. the Portuguese for the *EU* is **UE (União Europeia)**, *the UN* is **a ONU (a Organização das Nações Unidas)**.

G5 ordinal numbers

Ordinal numbers (1st, 2nd etc.) go before the noun, except when used with titles and (usually) centuries. These numbers must agree in gender (masculine and feminine) and number (singular and plural) with nouns they are referring to: **a primeira classe** *first class*; **Isabel Segunda** *Elizabeth the Second,* but **o primeiro século do novo milénio** *the first century of the new millennium*; **os primeiros dias do mês** *the first days of the month.*

G6 prepositions

Prepositions describe place, location, movement and time, e.g. **a** *at/to*, **com** *with*, **em** *in/on*, **sem** *without*, **antes** *before*, **contra** *against*:
Vou a Lisboa com a Sandra. *I'm going to Lisbon with Sandra.*
Prefiro manteiga sem sal. *I prefer butter without salt.*

A verb following a preposition is in the infinitive:
Ela atravessa a rua sem olhar. *She crosses the road without looking.*

The prepositions **a**, **em** and **de** combine with the articles (see **Articles** above), as does **por** (*through, by, along*):
por + definite articles = **pelo/pela/pelos/pelas**.

Some prepositions are separated from the following article/verb by **de**, e.g. **à frente (de)** *at the/in front (of)*; **através (de)** *through/across*; **dentro (de)** *inside*; **em volta (de)** *around/about*; **por cima (de)** *over/ above*; **antes (de)** *before*.

Onde está o Paulo? Está à frente. *Where's Paul? He's at the front.*
À frente da casa há um jardim muito pequeno. *At the/in front of the house there's a very small garden.*
A carteira está dentro da bolsa. *The wallet is inside the handbag.*
Antes de comer, vai lavar as mãos! *Before eating, go and wash your hands!*
Depois de chegar, vou dormir. *After arriving, I'm going to sleep.*

Prepositions used in sentences relating to time include: **a** *at/on*, **de** *from/ of*, **em** *in/on/at*, **depois de** *after*, **por volta de** *about/around*, **desde ... até** *from ... until*.

O banco abre às oito horas. *The bank opens at 8 o'clock.*

Vamos ter uma festa em setembro. *We're going to have a party in September.*

Servimos o pequeno almoço desde as sete e meia até às nove horas. *We serve breakfast from 7.30 until 9 o'clock.*

G7 verbs

There are three groups of Portuguese verbs, their infinitives ending in **-ar**, **-er** and **-ir**, for example: **morar** *to live*, **compreender** *to understand*, **partir** *to leave (depart)/to break*. Removing **-ar**, **-er** and **-ir** leaves you with the verb's stem: **mor-**, **compreend-**, **part-**. Other endings can then be added to the stem to convey specific information, such as who is doing the action, or in what time frame (past, present or future): **moro** *I live*; **compreende** *s/he understands*; **partem** *they leave*. Each of the three verb groups has sets of endings which can be used for all regular verbs in that group.

G8 regular verbs: present tense

This set of endings indicates that the event described by the verb is happening at the present time, conveying the English *I live*; *I'm living* and *I do live* etc.

		mor**ar** *to live*	compreend**er** *to understand*	part**ir** *to leave/ to break*
I	eu	mor**o**	compreend**o**	part**o**
you*	tu	mor**as**	compreend**es**	part**es**
you*	você	mor**a**	compreend**e**	part**e**
he/she/it	ele/ela	mor**a**	compreend**e**	part**e**
we	nós	mor**amos**	compreend**emos**	part**imos**
you* *plural*	vocês	mor**am**	compreend**em**	part**em**
they	eles/elas	mor**am**	compreend**em**	part**em**

Verbs are usually set out in this order, with or without the words for *I*, *you*, *s/he*, *we*, *they*. These tend to be included only for emphasis, contrast or clarification because the ending of the verb is generally enough to show who's doing something.

The **ele/ela** ending is also used to say 'it' does something. The word *it* is not usually translated.

*There are different words for *you*, and the verb has a different ending depending on which one you're using:

tu*: a close friend or relative, a young person*

você/vocês: someone of similar age or background, another student, a work colleague; this is widespread amongst Brazilian speakers of Portuguese.

o senhor/a senhora (plural: **os senhores/as senhoras**): someone you don't know well, an older person, your employer; these are extremely polite forms of address, similar to calling someone '*sir*' and '*madam*'.

Other common verbs that are regular in the present tense include:

ajudar *to help*	**aprender** *to learn*	**abrir** *to open*
chegar *to arrive*	**beber** *to drink*	**admitir** *to admit*
comprar *to buy*	**comer** *to eat*	**aplaudir** *to applaud*
esperar *to wait/hope for*	**depender** *to depend*	**assistir (a)** *to watch/be present (at)*
estacionar *to park*	**escolher** *to choose*	
gostar *to like*	**escrever** *to write*	**decidir** *to decide*
nadar *to swim*	**ofender** *to offend*	**imprimir** *to print*
reservar *to reserve/book*	**prometer** *to promise*	**invadir** *to invade*
telefonar *to phone*	**responder** *to reply*	**omitir** *to omit*
viajar *to travel*	**vender** *to sell*	**transmitir** *to transmit*

ajudo *I help;* **viajas** *you travel;* **depende** *it depends;* **corre** *he/she runs;*
decidem *they decide;* **aplaudimos** *we applaud*

G9 asking questions

Portuguese questions don't use extra words like *do* or *does*, you simply raise the pitch of your voice at the end of the sentence so that it sounds like a question.

A sua mãe trabalha com ela. *Your mother works with her.*
A sua mãe trabalha com ela? *Does your mother work with her?*
O comboio chega tarde. *The train is arriving late*
O comboio chega tarde? *Is the train arriving late?*
Compreendem. *They understand.*
Compreendem? *Do they understand?*

G10 negatives

Do and *does* are not used in negatives either. To make the verb (action) negative, you simply put **não** in front of it.
Trabalho em Lisboa. *I work in Lisbon.*
Não trabalho em Lisboa. *I don't work in Lisbon.*

G11 **answering questions**
The Portuguese prefer to give fuller responses to questions, rather than give a simple *yes* or *no* answer; they tend to repeat the verb used in the original question:

Compreendem? *Do they understand?*
Sim, compreendem. *Yes, they do (understand).*
Você gosta do vinho? *Do you like the wine?*
Não, não gosto. *No, I don't (like it).*

G12 **reflexive verbs**
Some verbs, called reflexive verbs, have **-se** at the end of the infinitive, e.g. **chamar-se** *to be called*, **levantar-se** *to get up*, **divertir-se** *to enjoy oneself*. The literal translation of **se** is *self/selves*: *to call oneself*, *to get oneself up*, but many reflexive verbs don't use *self* in English, e.g. **acostumar-se** *to get used to*, **perguntar-se** *to wonder*.

The reflexive pronoun **se** changes when the verb is not in the infinitive:

	chamar-**se**	*to be called (call oneself)*
eu	chamo-**me**	*I am called*
tu	chamas-**te**	*you are called*
você	chama-**se**	*you are called*
ele/ela	chama-**se**	*he/she/it is called*
nós	chamamo*-**nos**	*we are called*
vocês	chamam-**se**	*you are called*
eles/elas	chamam-**se**	*they are called*

*note the loss of the final **-s** from the verb

In negative sentences and questions, the reflexive pronoun goes before the verb, not after it:

Não me levanto tarde. *I don't get up late.*
Eles não se divirtem. *They don't enjoy themselves.*
Como se chama? *What are you called?*

G13 **radical- and orthographic- changing verbs**
Some verbs undergo a spelling change in certain forms of the present tense. The most common changes affect the first person only.

-ir verbs: the **e** in the stem becomes **i**: **repetir** *to repeat* > **repito** *I repeat*, **repetes** etc; **sentir** *to feel* > **sinto** *I feel*; **sentes** etc; **vestir** *to dress* > **visto** *I dress*, **vestes** etc.

-ir verbs: the **o** in the stem becomes **u**: **dormir** *to sleep* > **durmo** *I sleep*, **dormes** etc.

verbs ending in **-cer**: the **c** becomes **ç** before **o** or **a**: **conhecer** *to know*: **conheço** *I know*, **conheces** etc.

G14 **key irregular verbs**
Some of the most commonly-used verbs are irregular (i.e. they don't follow the regular patterns) and have to be learnt individually.

	ser	*to be*	**estar**	*to be*
eu	**sou**	*I am*	**estou**	*I am*
tu	**és**	*you are*	**estás**	*you are*
você/o sr/a sra	**é**	*you are*	**está**	*you are*
ele/ela	**é**	*he/she is it is*	**está**	*he/she is it is*
nós	**somos**	*we are*	**estamos**	*we are*
vocês/os srs/ as sras	**são**	*you are*	**estão**	*you are*
eles/elas	**são**	*they are*	**estão**	*they are*

Ser is used for permanent, fixed characteristics and locations of permanent structures: **Sou inglesa** *I'm English*; **São amigos** *They're friends*; **O banco é na praça** *the bank is in the square*.

Estar is used for physical/mental state, temporary characteristics, the weather and changed state: **Estão cansados** *They're tired*; **Estou contente** *I'm happy*; **Está sujo** *it's dirty*; **Está quente hoje** *It's hot today*.

	poder	*to be able to*	**querer**	*to want*
eu	**posso**	*I can*	**quero**	*I want*
tu	**podes**	*you can*	**queres**	*you want*
você etc.	**pode**	*you can*	**quer**	*you want*
ele/ela	**pode**	*he/she can it can*	**quer**	*he/she wants it wants*
nós	**podemos**	*we can*	**queremos**	*we want*
vocês etc.	**podem**	*you can*	**querem**	*you want*
eles/elas	**podem**	*they can*	**querem**	*they want*

Poder, **querer** and the regular **dever** *must/to have to* are known grammatically as **modal verbs**, followed by a verb in the infinitive:

Posso ir amanhã. *I can go tomorrow.*

A Júlia quer sair. *Julia wants to go out.*

Os senhores devem esperar aqui. *You must wait here.*

	ter	*to have*	**fazer**	*to do/make*
eu	**tenho**	*I have*	**faço**	*I do, make*
tu	**tens**	*you have*	**fazes**	*you do*
você etc.	**tem**	*you have*	**faz**	*you do*
ele/ela	**tem**	*he/she has; it has*	**faz**	*he/she does; it does*
nós	**temos**	*we have*	**fazemos**	*we do*
vocês etc.	**têm**	*you have*	**fazem**	*you do*
eles/elas	**têm**	*they have*	**fazem**	*they do*

Ter is used for age as well as possession: **Tenho um bilhete** *I have a ticket*; **Ela tem dez anos** *She's ten years old*.

	ir	*to go*	**vir**	*to come*
eu	**vou**	*I go*	**venho**	*I come*
tu	**vais**	*you go*	**vens**	*you come*
você etc.	**vai**	*you go*	**vem**	*you come*
ele/ela	**vai**	*he/she goes; it goes*	**vem**	*he/she comes; it comes*
nós	**vamos**	*we go*	**vimos**	*we come*
vocês etc.	**vão**	*you go*	**vêm**	*you come*
eles/elas	**vão**	*they go*	**vêm**	*they come*

	dar	*to give*	**dizer**	*to say*
eu	**dou**	*I give*	**digo**	*I say*
tu	**dás**	*you give*	**dizes**	*you say*
você etc.	**dá**	*you give*	**diz**	*you say*
ele/ela	**dá**	*he/she gives; it gives*	**diz**	*he/she says; it says*
nós	**damos**	*we give*	**dizemos**	*we say*
vocês etc.	**dão**	*you give*	**dizem**	*you say*
eles/elas	**dão**	*they give*	**dizem**	*they say*

wordpower

You can dramatically increase your Portuguese by knowing which English and Portuguese words relate to each other, often through their Latin roots. The spelling of some might not be identical but the meaning often becomes clear when you say them. Others look similar written down but sound different as they have the stress in a different part of the word (underlined below).

Here are some of the endings to look out for:

🇬🇧	🔊	
-ism	-ismo	altru<u>í</u>smo, rac<u>i</u>smo, sex<u>i</u>smo
-ist	-ista	femin<u>i</u>sta, terror<u>i</u>sta, tur<u>i</u>sta
-nce	-ncia	dist<u>â</u>ncia, influ<u>ê</u>ncia, paci<u>ê</u>ncia
-nt	-nte	deter<u>ge</u>nte, ele<u>fa</u>nte, presi<u>de</u>nte
-sion	-são	impress<u>ão</u>, televis<u>ão</u>, imers<u>ão</u>
-tion	-ção	condi<u>ção</u>, emo<u>ção</u>, promo<u>ção</u>
-ty	-dade	identi<u>da</u>de, possibili<u>da</u>de, ci<u>da</u>de
-y	-ia	autonom<u>i</u>a, indúst<u>ri</u>a, melod<u>i</u>a

Many nouns used routinely in Portuguese are the same as, or very close to, the English, particularly relating to sport e.g. **futebol**, **golo** (**gol** in Brazil), **golfe**; business e.g. **marketing**, **design**; and technology e.g. **internet**, **email**, **wifi** (pronounced wee-fee).

Not all Portuguese nouns mean what they appear to mean:
compromisso means *engagement* or *promise*, *compromise* is **meio-termo**; **concurso** means *competition*, *concourse* is **átrio**; **êxito** means *success* while *exit* is **saída**; **fábrica** means *factory*, *fabric* is **tecido**; **livraria** means *bookshop*, *library* is **biblioteca**; **parentes** means *relatives*, *parents* is **pais**; **constipação** means a *cold*, *constipation* is **prisão de ventre**.

A number of nouns are different in Portugal and Brazil e.g.

🇬🇧	🔊	🇧🇷
bus	autocarro	ônibus
train	comboio	trem
bathroom	casa de banho	banheiro
breakfast	pequeno almoço	café da manhã
fruit juice	sumo	suco

adjectives

It's possible to describe and comment simply but effectively by using **ser** and **estar** with the many adjectives that are identical or very similar in English and Portuguese.

🇬🇧   🇵🇹

-al   **-al**, with the stress on **-al**

Tu és especial. *You are special.*

É fenomenal! *It's phenomenal!*

A zona industrial fica a norte/na parte norte. *The industrial zone is to the north.*

-ble   **-vel**, with the stress on the vowel before **-vel**

É inevitável/intolerável. *It's inevitable/intolerable.*

Não é possível. *It's not possible.*

É impossível. *It's impossible.*

Isto não é reciclável. *This isn't recyclable.*

-ic(al)   **-ico**, with the stress on the syllable before the ending

Sou alérgico aos mariscos. *I'm allergic to seafood(s).*

A mina filha é asmática. *My daughter is asthmatic.*

São típicos da cidade do Porto. *They're typical of the city of Porto (Oporto).*

-nt   **-nte**, with the stress on **-ante/-ente**

É muito importante; é urgente! *It's very important; it's urgent!*

Vocês são tão pacientes. *You're (all/both) so patient.*

O barulho é persistente. *The noise is persistent.*

-ous -   **oso** with the stress on **-oso**

O senhor é muito generoso. *You're very generous.*

As sardinhas estão deliciosas. *The sardines are delicious.*

São projetos ambiciosos. *They're ambitious projects.*

As with nouns, not all adjectives mean what they appear to mean: **atual** means *current*, *actual* is **real**; **casual** means *random*, *casual* is **informal** or **descontraído**; **eventual** means *fortuitous*, *eventual* is **final**; **largo** means *wide*, *large* is **grande**; **sensível** means *sensitive*, *sensible* is **sensato**; **simpático** means *nice* or *pleasant*, *sympathetic* is **compassivo**, **solidário**.

verbs

The majority of Portuguese verbs end in **-ar** and a great many of them are easy to recognise as they're so similar to their English equivalent. In many cases it's simply a case of adding **-ar** to the English word, or replacing -e or -ate with **-ar**. However, there's an important difference in the position of the stress. In English verbs the stress varies from word to word: _imitate_, _imagine_, _control_, and it never moves from there. Portuguese verbs follow normal stress patterns (page 6), so the stress is always on the final syllable in the infinitive: **imitar**, **imaginar**, **controlar**, but not with other endings.

Verbs that are similar to their English translations include:

-ar

acelerar	aceitar	antecipar	calcular
celebrar	comparar	confirmar	instalar
fotografar	identificar	insultar	organizar
separar	telefonar	terminar	verificar

-er

absorver	apreender	corresponder	depender
estender	ofender	resolver	responder

-ir

abolir	admitir	contribuir	decidir
desistir	existir	insistir	invadir
omitir	permitir	persuadir	preferir

Verbs that don't always mean what they appear to mean include:

chocar _to collide, clash_	_to choke is_ **afogar**, **sufocar**
decepcionar _to disappoint_	_to deceive is_ **enganar**
pretender _to claim_	_to pretend is_ **fingir**
realizar _to achieve, make real_	_to realise is_ **perceber**
suceder _to happen_	_to succeed is_ **ter êxito/conseguir**

Test your knowledge with our online quiz at
www.bbcactivelanguages.com/PortugueseGrammarQuiz

top ten essentials

1 Describing and commenting:
   É magnífico! *It's superb!*
   Não é aceitável. *It isn't acceptable.*

2 Saying what there is:
   Há muito trânsito. *There's a lot of traffic.*
   Não há água. *There's no water.*
   Há testemunhas? *Are there witnesses?*

3 Talking about having:
   Tenho uma bicicleta. *I've got a bike.*
   Não tens dinheiro? *Don't you have any money?*
   Temos uma pergunta. *We have a question.*

4 Asking what things are:
   O que é isto? *What is this?*
   O que são? *What are they?*
   Como se diz ... em português? *How do you say ... in Portuguese?*

5 Asking where things are:
   Onde é/fica a entrada/a saída? *Where is the entrance (way in)/exit?*
   Onde estão as chaves? *Where are the keys?*

6 Saying what you like or dislike:
   (Não) gosto de fumar. *I (don't) like smoking.*
   (Não) gosto destas sandálias. *I (don't) like these sandals.*

7 Saying you would like (to do) something:
   Queria uma sopa. *I'd like a soup.*
   Queria visitar a praia. *I'd like to visit the beach.*

8 Saying/asking if you can do something:
   Posso fazer uma chamada? *Can I make a phone call?*
   Podemos voltar esta tarde. *We can come back this afternoon.*

9 Saying/asking if you have to do something:
   Tenho de/Devo explicar? *Do I have to/Must I explain?*
   Temos de/Devemos partir. *We have to/must leave.*

10 Asking somebody to do something:
   Pode repetir, se faz favor? *Please can you say that again?*
   Pode falar mais devagar? *Can you speak more slowly?*
   ... estou a aprender português. *I'm learning Portuguese.*

Portuguese–English glossary

This glossary contains only those words and phrases, and their meanings, as they occur in this book. Parts of verbs are also given in the form in which they occur, usually followed by the infinitive in brackets.

A

a, as (f) the
a to
à frente (de) at the/in front (of)
aberto/a open
abre (abrir) it opens (to open)
abril April
os acompanhamentos side orders
o açúcar sugar
adeus goodbye
o/a advogado/a lawyer
o aeroporto airport
a África Africa
africano/a African
agosto August
a àgua water
a Alemanha Germany
alemão/-ã German
alguns/algumas some
ali there, over there
o almoço lunch
a altura height
amanhã tomorrow
as amêijoas clams
americano/a American
amigo/a friend
o ananàs pineapple
o ano year
antes (de) before
ao, à, aos, às to the, on the, at
o apetite: Bom apetite! appetite: Enjoy your meal!
aprender to learn
aqui here
os arredores suburbs
o arroz rice

o arroz doce rice pudding
o/a artista (m/f) artist
a aspirina aspirin
assado/a roasted
a assinatura signature
até until, to, up to
através (de) through, across
o autocarro bus
a avenida avenue
o avião aeroplane
o azeite olive oil

B

a Baba de camelo pudding made with condensed milk and eggs
o bacalhau cod
o balcão counter
a banana banana
a banca stall (in market)
a banca de fruta e vegetais fruit and vegetable stall
o banco bank
o banho bath
o bar bar
a batata potato
as batatas fritas chips
o batido milkshake
a baunilha vanilla
beber to drink
as bebidas drinks
bem fine, all right
a biblioteca library
a bica small black coffee
o bife steak
o bilhete ticket
a blusa blouse
boa noite goodnight; good evening

boa tarde good afternoon; good evening
o bolo cake
bom/boa good
bom dia good morning
bonito/a pretty, nice
o borrego lamb
as botas boots
branco/a white
brasa: na brasa barbecued
o Brasil Brazil
brasileiro/a Brazilian

C

a cabeça head
o cabrito kid
cada each
o café café, coffee
a caixa cash desk
os calções shorts
o caldo verde cabbage soup
a cama bed
os camarões shrimps
a camioneta coach
o campo country(side)
o campo de ténis tennis court
o Canadà Canada
canadiano/a Canadian
cansado/a tired
o/a cantor/a singer
o cão dog
o capitão captain
o carapau horse-mackerel
o carioca mild/weaker black coffee
a carne meat
caro/a expensive
o cartão de crédito credit card

o cartão telefónico phone card
a carteira wallet, purse
a casa house
a casa de banho toilet, bathroom
a casa de banho privativa private bathroom/ensuite
a casa de hóspedes guest house
casado/a married
casal: o quarto de casal double room
o castelo castle
a catedral cathedral
católico/a Catholic
a cebola onion
cem (a) one hundred
a cenoura carrot
o cêntimo cent (Portuguese currency)
o centro centre
o Centro de Turismo tourist office
certeza: com certeza certainly
a cerveja beer
o chá tea
chamar-se: Como se chama? to be called: What's his/her/your name?
Chamo-me My name is
a charcutaria delicatessen
a chave key
chega (chegar) he/she/it arrives (to arrive)
chega that's enough/all
a chegada arrival
o chinês Chinese (language)
o chocolate chocolate
churrasco: no churrasco barbecued
a cidade town
o cinema cinema
a classe class

o clube club
os cogumelos mushrooms
o colar necklace
o/a colega colleague, friend
o colégio school
com with
o comboio train
comer to eat
como? how?, what?
Como está? How are you?
comprar to buy
as compras shopping
compreendem (compreender) they understand (to understand)
Não compreendo I don't understand
a congestão congestion
o conhaque brandy
conhecer to know (place, person)
contente happy, content
contra against
o controle control, check
o copo (drinking) glass
o correio post office
a costeleta chop (e.g. lamb)
cozido/a boiled
as crianças children (in general)
custa (custar) it costs (to cost): Quanto custa? How much does it cost?

D
daqui from here
dar to give
de from, of
a decisão decision
delicioso/a delicious
demasiado too
o dente tooth
dentro (de) inside, in

depois (de) then, after
descafeinado decaffeinated
Desculpe! Excuse me!
desde ... até ... from ... until ...
deseja (desejar) (to want): Que deseja? What would you like?
desempregado unemployed
devagar slowly
dever to have to, 'must'
dezembro December
o dia day
do dia of the day
direto/a direct
a direita right; à direita on/to the right
a discoteca nightclub
divorciado/a divorced
diz (dizer) (to say): Como se diz? How do you say?
do, da, dos, das of the, from the
doce sweet
dois, duas two
o domingo Sunday
a Dona Mrs, Miss
Donde ...? Where ... from?
dormir to sleep
a dose portion
o/a Doutor/Doutora Dr (title)
o duche shower
duplo double

E
é (ser) he/she/it is, you are (to be): Quanto é? How much is (it)?
e and
Edimburgo Edinburgh
ela she; elas they
ele he; eles they
o elétrico tram

o elevador lift
em in, on
em volta (de) around, about
a ementa menu
a empregada sales assistant
o/a engenheiro/a engineer
as entradas starters
entre between
a época season
da época in season
escocês/-esa Scottish
a Escócia Scotland
a escola school
a escola de línguas language school
escreve (escrever) (to write): Como se escreve? How do you spell it?
o/a escritor/a writer
o escritório office
a Espanha Spain
à espanhola Spanish style
espanhol/a Spanish
a especialidade speciality
esperar to wait, hope (for)
a espetada kebab
os espinafres spinach
a esposa wife
o esposo husband
a esquerda left; à esquerda on/to the left
está (estar) s/he/it is, you are (to be)
esta (f) this
a estação station
estacionar to park
os Estados Unidos (da América) United States (of America)
a estalagem inn
estamos/estão (estar)

we are/ they are (to be)
estar to be
este (m) this
estou (estar) I am; Hello [on phone] (to be)
o/a estudante student
eu I

F
falar to talk
falso/a false
a família family
a farmácia chemist's
o fato de treino tracksuit
faz (fazer) he/she/ it does; you do (to do, make): Que faz? What (work) do you do?
faz favor please
as febras fillets
fechado/a closed
o feijão verde haricot beans
a festa party
fevereiro February
o fiambre ham
a filha daughter
o filho son
os filhos children
os folhetos leaflets
a fome hunger
forno: no forno baked (in oven)
a foto photo
a França France
francês/-esa French
o frango chicken
frente: sempre em frente straight on
frito/a fried
a fruta fruit
fumar to smoke
o fundo end, bottom; ao fundo da rua at the end of the street
o futebol football
o futuro future

G
galão white coffee in a glass (similar to a latte)
galês/-esa Welsh
a galinha chicken
as gambas prawns
o garoto small white coffee
a garrafa bottle
gás: com gás sparkling, sem gás still
o gelado ice cream
o gelo ice
o/a gerente manager
gosta (gostar) he/she likes, you like (to like)
gostas (gostar) you like (fam.)
gosto (gostar) I like
a grama gram
grande big
grátis free
grelhado/a grilled
o guia guide, guidebook

H
há there is, there are
hoje today
o homem man
a hora time, hour; A que horas? At what time?
o hospital hospital
o hotel hotel

I
ida: (só) de ida single (ticket)
de ida e volta return (ticket)
a idade age
a ilha island
a imperial draught beer
o impulso telephone unit
incluído/a included
as informações information (desk)
a Inglaterra England
inglês/-esa English

o intercidades intercity
interessante interesting
ir to go
a Irlanda Ireland
irlandês/-esa Irish
a irmã sister
o irmão brother; os
irmãos brothers (and
sisters)
a Itália Italy
italiano/a Italian

J
janeiro January
o jardim garden
jogar to play (sport)
o jornal newspaper
o/a jornalista journalist
jovem young (adj.)
o/a jovem young person
(noun)
julho July
junho June
a juventude youth

L
a laranja orange
a laranjada orange drink
lavar (-se) to wash
(oneself)
o leitão suckling pig
o leite milk; a meia de
leite large white coffee
o lençol sheet
levantar-se to get up
a libra pound
a limonada lemonade
limpar to clean
a língua tongue,
language
a linha platform
Lisboa Lisbon
o litro litre
o livro book
a loja shop
Londres London
longe far
lugar: reservar lugar to

book a seat
as lulas squid
a luz light

M
a maçã apple
a mãe mother
maio May
mais more
a mala suitcase, bag
a manhã morning; da
manhã in the morning
a manteiga butter
a mão hand
o mapa map
março March
o marisco seafood
o Martini Martini
mas but
mau, má bad
o/a médico/a doctor
meio half (a): de meia
em meia hora every half
hour
o mel honey
o melão melon
a menina Miss (young
girl)
o mercado market
a mercearia grocer's
(shop)
o mês month
a mesa table
o metro, metropolitano
underground
o metro metre
meu (m) my
mil (a) thousand
o milénio millenium
mim: para mim for me
minha (f) my
o minuto minute
misto/a mixed
moderno/a modern
o molho sauce
o momento moment
o morango strawberry
mora (morar) s/he lives
(to live)

o mosteiro monastery
a mousse mousse
mudar to change (e.g.
trains)
muito very, much
Muito prazer Pleased to
meet you
o museu museum
o museu de arte
moderna museum of
modern art
o museu de arte popular
folk art museum
a música clássica
classical music

N
a nacionalidade
nationality
nadar to swim
não no, not
natural natural
no, na, nos, nas in/on
the
a noite night
o nome name
nós we
novembro November
novo/a new
o número number; o
número de telefone
phone number

O
o, os (m) the
obrigado/a thank you
Olá Hello
o olho eye
onde where
a Organização das
Nações Unidas (ONU)
United Nations (UN)
ótimo/a excellent
outubro October

P
a padaria baker's
pagar to pay
o pai father

o País de Gales Wales
panorâmico/a panoramic
o pão bread
o pão de forma loaf of
bread
o papel paper
a papelaria stationer's
para for, to
a paragem (bus) stop
o parque park
o parque de
estacionamento car park
a parte part
a partida departure
partiu (partir) she broke
(to break/leave)
o passaporte passport
o paté pâté
o pato duck
o pé foot: a pé on foot,
walking
o peixe fish
o peixe espada swordfish
pelo, pela etc. through
the etc.
a pensão boarding house
pequeno/a small
o pequeno almoço
breakfast
a pera pear
a perna leg
perto near
o peru turkey
a pescada hake (fish)
o peso weight
o pêssego peach
a pessoa person
o/a pintor/a painter
a piscina swimming pool
o piso floor
a planta map, plan
pode (poder) you, he/
she can (to be able)
podemos (poder) we can
(to be able)
o ponto de controle
checkpoint
por for, through, by,
along

por cima (de) over,
above
por favor please
por volta (de) about,
around
o porco pork
o porto port
o Porto Oporto
o Portugal Portugal
português/-esa
Portuguese
posso (poder) I can (to
be able)
o postal postcard
a pousada luxury,
traditional or historical
hotel
a pousada de juventude
youth hostel
a praça square
a praia beach
o prato dish
o prato do dia dish of
the day
prazer: Muito prazer
Pleased to meet you
o preço price
prefiro (preferir) I prefer
(to prefer)
o presunto smoked ham
o/a primeiro/a first
o/a professor/a teacher
a profissão profession
pronto ready
o/a próximo/a next
o pudim flan crème
caramel
o puré de batata mashed
potato

Q

quando? when?
quanto? how much?
quantos? how many?
a quarta-feira
Wednesday
o quarto bedroom
que ...? what ...?
o queijo cheese

quente hot (temp.)
quer (querer) s/he wants
(to want)
queria (querer) I'd like
(to want)
o quilo kilo
o quilómetro kilometre
a quinta-feira Thursday
o quiosque street kiosk

R

o/a rádio radio
o rápido fast train
o/a rececionista
receptionist
recomendar to
recommend
reformado/a retired
a região region
repetir repeat
o rés do chão (R/C)
ground floor
reservar to reserve
o restaurante restaurant
o restaurante chinês
Chinese restaurant
a revista magazine
a rua road, street
as ruínas ruins

S

o sábado Saturday
saber to know (fact,
how to)
o saco de desporto
sports bag
sair to go out
o sal salt
são (ser) they are (to be)
o sapato shoe
os sapatos de treino
trainers (shoes)
a sardinha sardine
a sauna sauna
se chama : Como se
chama? What's his/
her name?, What's your
name?

o/a secretário/a secretary
o século century
a segunda-feira Monday
segundo second
sei (saber): não sei I don't know (to know)
o selo stamp
sem without
os semáforos traffic lights
a semana week
sempre always
sempre em frente straight ahead/on
o senhor man, Mr, Sir
a senhora woman, Miss, Mrs, Madam
a Senhora Dona Mrs, Miss (formal)
sentar-se to sit down
sentir to feel
ser to be
a série series
servimos (servir) we serve (to serve)
setembro September
a sexta-feira Friday
sexto sixth
sim yes
simpático/a pleasant, nice
simples single
a situação situation
a sobremesa dessert
solteiro/a single
a solução solution
somos (ser) we are (to be)
a sopa soup
sou (ser) I am (to be)
sujo/a dirty

o sumo juice
o supermercado supermarket

T
a T-shirt T-shirt
a tabacaria tobacconist's
o talão receipt
o tamanho size
também also, too
a tarde afternoon, early evening
tarde late
a tarte tart
Tchau bye
Tchim! Tchim! Cheers!
o teatro theatre
telefonar to telephone
o telefone telephone
têm (ter) you (pl) have, they have (to have)
tem (ter) he/she/it has, you (sing.) have (to have)
temos (ter) we have (to have)
o tempo weather
tenho (ter) I have (to have)
ter to have; ter de to have to
a terça-feira Tuesday
o terceiro third
a tia aunt
o tinto red (wine)
o tio uncle
o tipo type
todos os dias every day
o tomate tomato
torrado/a toasted
trabalho (trabalhar) I work (to work)
o trabalho work, job

tu you (fam)
tudo all, everything
o turismo tourism

U
o/a ultimo/a last
um/uma one; a/an
a União Europeia European Union
o/a único/a the only
a universidade university

V
a vaca cow
a vaga vacancy
Vai …! (ir) Go …! (to go)
vamos (ir) let's go, we're going (to go)
os vegetais vegetables
velho/a old
a velhice old age
verdadeiro true
verde green
vestir to dress, to put on
a viagem journey
a vila village
o vinho wine
vir to come
vire (virar) turn [you, sing.] (to turn)
virem (virar) turn [you, pl.] (to turn)
o viúvo; a viúva widower; widow
você, vocês you
vou (ir): vou comer I'm going to eat

English–Portuguese glossary

A

a/an um/uma
about (around) por volta (de)
across através (de), por
aeroplane o avião
Africa a África
African africano/a
after depois (de)
afternoon a tarde
against contra
age a idade
airport o aeroporto
all tudo
along por
also também
always sempre
American americano/a
and e
apple a maçã
April abril
around em volta (de)
arrival a chegada
to arrive chegar
artist o/a artista (m/f)
aspirin a aspirina
at ao, à, aos, às
August agosto
aunt a tia
avenue a avenida

B

bad mau, má
baked (in oven) no forno
baker's a padaria
banana a banana
bank o banco
bar o bar
barbecue a brasa; o churrasco; barbecued na brasa; no churrasco
bath o banho; (bath tub) a banheira
to be estar; ser
beach a praia
bed a cama
bedroom o quarto
beer a cerveja
before antes (de)
between entre
big grande
blouse a blusa
boarding house a pensão
boiled cozido/a
book o livro
to book a seat reservar lugar
boots as botas
bottle a garrafa
brandy o conhaque
Brazil o Brasil
Brazilian brasileiro/a
bread o pão
to break partir
breakfast o pequeno almoço
brother o irmão
bus o autocarro
but mas
butter a manteiga
to buy comprar
by por
bye Tchau

C

cabbage soup o caldo verde
café o café
cake o bolo
can (to be able) poder
Canada o Canadá
Canadian canadiano/a
car park o parque de estacionamento
carrot a cenoura
cash desk a caixa
castle o castelo
cathedral a catedral
Catholic católico/a
cent o cêntimo
centre o centro
century o século
certainly com certeza
to change (e.g. trains) mudar
Cheers! Tchim! Tchim!
cheese o queijo
chemist's a farmácia
chicken a galinha; o frango
children os filhos; (in general) as crianças
Chinese (language) chinês
chips as batatas fritas
chocolate o chocolate
chop (e.g. lamb) a costeleta
cinema o cinema
clams as amêijoas
class a classe
classical music a música clássica
to clean limpar
closed fechado/a
club o clube
coach a camioneta
cod o bacalhau
coffee o café; (small, black) a bica; (small, white) o garoto; (large white) a meia de leite; (weaker black) o carioca; (white, served in a glass) o galão
colleague, friend o/a colega
to come vir
to cost custar
counter o balcão
country(side) o campo
cow a vaca
credit card o cartão de crédito
crème caramel o pudim flan

D

daughter a filha
day o dia
decaffeinated descafeinado
December dezembro
decision a decisão
delicatessen a charcutaria
delicious delicioso/a
departure a partida
dessert a sobremesa
direct direto/a
dirty sujo/a
dish o prato; dish of the day o prato do dia
divorced divorciado/a
to do/make fazer
doctor o/a médico/a
dog o cão
double room o quarto de casal
Dr (title) Doutor/Doutora
draught beer a imperial
to dress vestir
to drink beber
drinks as bebidas
duck o pato

E

each cada
to eat comer
Edinburgh Edimburgo
end o fundo; at the end of the street ao fundo da rua
engineer o/a engenheiro/a
England a Inglaterra
English inglês/-esa
Enjoy your meal! Bom apetite!
enough: that's enough/all chega
ensuite a casa de banho privativa
every day todos os dias

all tudo
excellent ótimo/a
Excuse me! Desculpe!
expensive caro/a
eye o olho

F

false falso/a
family a família
far longe
fast train o (comboio) rápido
father o pai
February fevereiro
to feel sentir
fillets as febras
fine bem
first o/a primeiro/a
fish o peixe
floor o piso
foot o pé; on foot (walking) a pé
football o futebol
for por; para
France a França
free grátis
French francês/-esa
Friday a sexta-feira
fried frito/a
friend o/a amigo/a
from de
from ... until ... desde ... até ...
front: at the front (of) à frente (de); in front (of) à frente de
fruit a fruta
future o futuro

G

garden o jardim
German alemão/-ã
Germany a Alemanha
to get up levantar-se
to give dar
glass (drinking) o copo
to go ir
to go out sair

good bom/boa
good afternoon boa tarde
good evening boa tarde, boa noite
good morning bom dia
goodbye adeus
goodnight boa noite
gram a grama
green verde
grilled grelhado/a
grocer's (shop) a mercearia
ground floor o rés do chão (R/C)
guide o/a guia (m/f)
guidebook o guia

H

hake (fish) a pescada
half (a) meio/a
ham o fiambre
hand a mão
happy contente
haricot beans o feijão verde
to have ter
to have to/must ter de, dever
he ele
head a cabeça
height a altura
Hello Olá; (on the phone) estou
here aqui; from here daqui
honey o mel
to hope (for) esperar
horse-mackerel o carapau
hospital o hospital
hot (temp.) quente
hotel o hotel
hour a hora
house a casa
How? Como?; How are you? Como está?; How do you say ...? Como se

diz …?; How do you spell …? Como se escreve …?
How many? Quantos/Quantas?
How much? Quanto/Quanta?; How much does it cost? Quanto custa?; How much is (it)? Quanto é?
hundred (a/one) cem
hunger a fome
husband o esposo, o marido

I

I eu
ice o gelo
ice cream o gelado
in em
included incluído/a
information (desk) as informações
inn a estalagem
inside dentro (de)
interesting interessante
Ireland a Irlanda
Irish irlandês/-esa
island a ilha
Italian italiano/a
Italy a Itália

J

January janeiro
journalist o/a jornalista
journey a viagem
juice o sumo
July julho
June junho

K

kebab a espetada
key a chave
kilo o quilo
kilometre o quilómetro
to know (fact, how to) saber; I don't know não sei; (place, person) conhecer

L

lamb o borrego
language a língua
language school a escola de línguas
last o/a último/a
late tarde
lawyer o/a advogado/a
leaflets os folhetos
to learn aprender
left a esquerda; to/on the left à esquerda
leg a perna
lemonade a limonada
library a biblioteca
lift o elevador
light a luz
to like gostar; (to want) querer: I'd like queria
Lisbon Lisboa
litre o litro
to live morar
loaf of (sliced) bread o pão de forma
London Londres
lunch o almoço

M

magazine a revista
man (general) o homem; (more formal/'sir') o senhor
manager o/a gerente
map o mapa, a planta
March março
market o mercado
married casado/a
mashed potato o puré de batata
May maio
me: for me para mim
meat a carne
melon o melão
menu a ementa
metre o metro
milk o leite
milkshake o batido
minute o minuto

Miss a Dona; (formal) a Senhora Dona
mixed misto/a
modern moderno/a
moment o momento
monastery o mosteiro
Monday a segunda-feira
month o mês
more mais
morning a manhã; in the morning da/de manhã
mother a mãe
Mr o senhor
Mrs a Dona; (formal) a Senhora Dona
much muito
museum o museu; museum of modern art o museu de arte moderna
mushrooms os cogumelos
my meu (m)/minha (f)

N

name o nome; My name is … Chamo-me …; What's his/her/your name? Como se chama?
nationality a nacionalidade
natural natural
near perto
necklace o colar
new novo/a
newspaper o jornal
next próximo/a
night a noite
nightclub a discoteca
no não
not não
November novembro
number o número; phone number o número de telefone

O

October outubro
of de

office o escritório
old velho/a
olive oil o azeite
on em
one um/uma
onion a cebola
only: the only o/a único/a
open aberto/a
to open abrir
orange a laranja
orange drink a laranjada
over por cima (de)

P

painter o/a pintor/a
paper o papel
park o parque
to park estacionar
part a parte
party a festa
passport o passaporte
pâté o paté
to pay pagar
peach o pêssego
pear a pera
person a pessoa
phone card o cartão telefónico
photo a foto
pineapple o ananás
platform a linha
to play (sport) jogar
pleasant simpático/a
please (se) faz favor; por favor
Pleased to meet you Muito prazer
pork o porco
port o porto
portion a dose
Portugal Portugal
Portuguese português/-esa
post office o correio
postcard o postal
potato a batata
pound a libra

prawns as gambas
to prefer preferir
pretty bonito/a
price o preço
profession a profissão
purse a carteira

R

radio o/a rádio
ready pronto
receipt o talão
receptionist o/a rececionista
to recommend recomendar
red (wine) o (vinho) tinto
region a região
to repeat repetir
to reserve reservar
restaurant o restaurante
retired reformado/a
return (ticket) de ida e volta
rice o arroz; rice pudding o arroz doce
right; on the right a direita; à direita
road a rua
roasted assado/a
ruins as ruínas

S

sales assistant o/a empregado/a
salt o sal
sardine a sardinha
Saturday o sábado
sauce o molho
sauna a sauna
school o colégio; a escola
Scotland a Escócia
Scottish escocês/-esa
seafood o marisco
season a época
second segundo/a
secretary o/a

secretário/a
September setembro
to serve servir
she ela
sheet o lençol
shoe o sapato
shop a loja
shopping as compras
shorts os calções
shower o duche
shrimps os camarões
side orders os acompanhamentos
signature a assinatura
singer o/a cantor/a
single solteiro/a; (ticket) só de ida; simples
sister a irmã
to sit down sentar-se
sixth sexto/a
size o tamanho
to sleep dormir
slowly devagar
small pequeno/a
to smoke fumar
smoked ham o presunto
solution a solução
some alguns/algumas
son o filho
soup a sopa
Spain a Espanha
Spanish espanhol/a
Spanish style à Espanhola
sparkling (water) com gás
speciality a especialidade
spinach os espinafres
sports bag o saco de desporto
square a praça
squid as lulas
stall (in market) a banca
stamp o selo
starters as entradas
station a estação
stationer's a papelaria

steak o bife
still (water) sem gás
stop (bus) a paragem
straight ahead/on
sempre em frente
strawberry o morango
street a rua
student o/a estudante
suburbs os arredores
suckling pig o leitão
sugar o açúcar
suitcase a mala
Sunday o domingo
supermarket o
supermercado
sweet doce
to swim nadar
swimming pool a piscina
swordfish o peixe espada

T
table a mesa
to talk falar
tart a tarte
tea o chá
teacher o/a professor/a
telephone o telefone
to telephone telefonar
tennis court o campo de
ténis
thank you obrigado/a
the o, os (m); a, as (f)
theatre o teatro
then (after) depois (de)
there is, there are há
there, over there ali
they eles (m); elas (f)
third terceiro/a
this este (m); esta (f)
thousand (a/one) mil
through através (de),
por
Thursday a quinta-feira
ticket o bilhete
time a hora; At what
time? A que horas?
tired cansado/a
to a; para; (up to) até

toasted torrado/a
tobacconist's a tabacaria
today hoje
bathroom a casa de
banho
tomato o tomate
tomorrow amanhã
tongue a língua
too (also) também; too
much demasiado
tooth o dente
tourist office o Centro de
Turismo
town a cidade
tracksuit o fato de treino
traffic lights os
semáforos
train o comboio
trainers (shoes) os
sapatos de treino
tram o elétrico
true verdadeiro/a
T-shirt a T-shirt
Tuesday a terça-feira
turkey o peru
to turn virar
two dois, duas

U
uncle o tio
underground (train) o
metro
to understand
compreender
unemployed
desempregado/a
United States (of
America) os Estados
Unidos (da América)
university a universidade
until até

V
vacancy a vaga
vanilla a baunilha
vegetables os vegetais
very muito
village a vila

W
to wait (for) esperar
Wales o País de Gales
wallet a carteira
to want querer
to wash (oneself) lavar
(-se)
water a água
we nós
weather o tempo
Wednesday a quarta-feira
week a semana
weight o peso
well bem
Welsh galês/-esa
what? como?; What (a)
...? Que ...?; What (work)
do you do? Que faz?
when? quando?
where? onde?
Where ... from? Donde
...?
white branco/a
widow/widower a
viúva/o viúvo
wife a esposa, a mulher
wine o vinho
with com
without sem
woman (general) a
mulher; (more formal,
'madam') a senhora
work o trabalho
to work trabalhar
to write escrever
writer o/a escritor/a

Y
year o ano
yes sim
you você (sing), vocês
(pl); (fam) tu
young jovem; (person)
o/a jovem
youth hostel a pousada
de juventude